深深感謝
我們的神學教授

奧登 Thomas Oden
米科拉斯基 Samuel Mikolaski

系統神學叢書

基督教三一論淺析

奧爾森、霍爾 著

蔡錦圖 譯

基道出版社

▼

系統神學叢書

基督教三一論淺析

The Trinity

作者

奧爾森 Roger E. Olson

霍爾 Christopher A. Hall

翻譯

蔡錦圖

審閱

鄧紹光

責任編輯

蔡錦圖

裝幀設計

李贊海

■

出版 / 發行

基道出版社

香港沙田火炭坳背灣街 26 號富騰工業中心 10 樓 1011 室

LOGOS PUBLISHERS

Unit 1011, 10/F, Fo Tan Ind. Centre, 26 Au Pui Wan St., Shatin, Hong Kong

電話：(852) 2687-0331 傳真：(852) 2687-0281

網址：https://www.logos.com.hk

承印

雅聯印刷有限公司

●

1/2006 初版

Cat. No. LP227B

ISBN-10: 962-457-300-X

ISBN-13: 978-962-457-300-8

Original Edition " The Trinity"

Published by Wm. B. Eerdmans Publishing Co.

Printed in Hong Kong

刷次	11	10	9	8	7	6	5	4	3	
年份	2034	2033	2032	2031	2030	2029	2028	2027	2026	2025

目錄

II. 進深書目

導論

1. 三位一體教義的概覽

教父奧古斯丁(Augustine)認為，任何人若是否認三位一體(Trinity)，就會陷入喪掉救恩的危機中，可是任何人若是試圖理解三位一體，則會陷入頭昏腦脹的困境中。許多唸教義課程的學生，對於偉大的奧古斯丁這個兩難語句的下半段，都會有深切體會。不少基督徒感到，三位一體的教義(the doctrine of the Trinity，或簡稱「三一論」)似乎是一個難以掌握的信念——超乎理解之外，大概只是推測而已。有人打趣說，三一論是「宇宙的命理學」(cosmic numerology)，就像占星學和其他神秘「科學」一樣。即使較為保守的基督徒，對於奧古斯丁和其他教父及神學家究竟是否過分堅持三一論的重要性，也會常感困惑。難道三一論真的與救恩的福音那麼唇齒相依，以致否認它(不僅是沒有完全理解它)就會失去救恩，或至少失去了基督徒的身分？許多平信徒和神學生對這教義的重要性深感費解，這是可以諒解的。聖經並沒有清楚明確地提到這教義。(不過，請參閱本書對三一論聖經基礎的略述。）那麼，聖經若是對此沒有明言，又怎能如此重要？

20世紀瑞士神學家卜仁納（Emil Brunner）正確地堅稱，三一論至少是一個「防禦性的教義」（defensive doctrine）。[1]這教義也許沒有在上帝的啟示中白紙黑字地寫明，但三一論的含義卻顯然是來自聖經整體的信息，也是源自上帝在耶穌基督裏道成肉身的邏輯，故此，它是基督教福音必然的含義，也是要維護的概念。只要深思論及上帝的一切神聖啟示——包括上帝的兒子耶穌基督被差遣、上帝的統一性是「一位上帝」（one God），以及聖靈在世界和教會中的使命——就必然會引往三一論的方向。我們一旦到達那教義，就會立即曉得，所有不是按照三一論來說明上帝的方式，均是有瑕疵的。

當2至4世紀的早期教父遭逢基督教的敵手，例如反對基督教的雄辯家和哲學家克理索（Celsus）時，便逐漸明白這一點。[2]他們發現，當要面對否認耶穌基督的神性和聖靈的位格特質之異端時，就有需要杜撰諸如**三位一體**（*trinitas*）和**本體相同**（*homoousios*，或譯「實體相同」）等用語，來描述聖父與祂的聖子——道（Logos或Word）——的關係。異端是正統信仰之母。新約聖經完成之後，三一論便在熾熱的爭議中逐步發展，不過闡述三一論的教父相信，他們只不過是在註釋上帝的啟示而已，絕非臆測或發明新的觀念。

在4世紀兩次重要的普世（普遍的）會議中，詳加說明了成熟的三一論：尼西亞會議（Nicea，325年）和君士坦丁堡會議（Constantinople，381年）。亞流派（Arian）和半亞流派（Semi-Arian）的爭論，一直在羅馬帝國的基督徒之間激烈進行，歷時超過半世紀。亞流派的不同團體肯定了聖父的神性，卻拒絕承認成為耶穌基督的聖子是完全等同於父上帝的。即使他們當時認可道成肉身的信念，他們仍然是嚴格的一神論者。同時，還有別的基督徒儘管肯定上帝的兒子耶穌基督有完全和真實的神性，卻否認在父、子和聖靈之間有任何存有論上的區別。這些撒伯流派（Sabellians）或形態論派（Modalists），把三位一體的眾位格貶成只是一個位格的上帝之不同顯現或形態。

這些神格唯一論者（monarchian）試圖解釋掉上帝的三性的真實（the genuine of threeness of God），早期教父和主教為了對抗他們，就提出對於許多一般基督徒來說似乎是難以理解的用語。他們說，上帝是一個**實體**（*ousia*，或譯「本體」）和三個**位格**（*hypostases*，或譯「性體」）的——即一個存有（being）或實體（substance）（共同分享基本的特質），以及三個實存（subsistences）或位格（persons）（在關係中有別於另一位，而且在涉及世界的使命中也是有區別的）。任何人若是拒絕這個基本的三一論見解和主張（〈尼西亞信經〉就是以此為基礎的），就必然被視為是對上帝與耶穌基督並聖靈的信念持有異議。耶穌是上帝嗎？祂全然是上帝嗎？聖靈是有位格的，或是非位格的力量或能力？聖靈是等同於聖父和聖子嗎？這些問題，與救恩的情節息息相關，因而也關係到相信福音的人。基督教的福音，就是上帝在耶穌基督裏臨到百姓中間——「以馬內利」——「上帝與我們同在」。它也包含上帝的統一性：「以色列啊，你要聽！耶和華我們神是獨一的主。」它亦包括上帝與祂的子民同在：聖靈住在基督徒心中，並且賦予力量。以上所略述救恩的三一性結構，就是建構三一論的「原材料」。

無疑，三一論的神學有時是會在臆測想像中飛翔，因而與救恩和基督徒崇拜、靈修和門徒生活缺乏實質的關聯。不過，大體上，東正教、羅馬天主教和新教徒均肯定和維護三一論，視之為基督教所獨有的神觀，因為它是植根於救恩的事實，為救恩所必須者，而且是由神聖啟示的邏輯所含蘊的。三一論神學家飛翔於推測想像中，有時會導致他們試圖探究聖父、聖子和聖靈內在的三一性關係在世界以外之永恆中的活動，最好的情況是虔誠地想以「信心尋求理解」(faith seeking understanding)，而最壞的情況卻是高傲地想要「依照他來洞悉上帝的心思」(thinking God's thoughts after him)。

不過，至少為了維護恩典是全然白白賜予的，在思想上就起碼須區分「內在的三位一體」(immanent Trinity，超越世界之外)與「經世的三位一體」(economic Trinity，處於歷史之中)。假如上帝自有永有的本質不是已經自存於永恆中，而假如上帝只是在與世界有關聯時才成為祂這樣子的(三位一體〔triune〕)，那麼世界就會變成是上帝存有的一部分。這樣，拯救世界也便變成是上帝的自我拯救。為了持守和維護上帝的自由和拯救的恩慈，三一論神學家就假定，上帝本身三一(triunity)的內在性，是在世界之先和以外的。巴特(Karl Barth)在20世紀刺激了三一論的復興，他提出了最佳的總結：

> 實況是在哪裏，那裏必然也有相應的可能性。換言之，假如上帝是「祂在自由中去愛」，而且假如上帝真的是藉著耶穌基督和聖靈在我們中間，並且倘若上帝的拯救是完全自由和恩慈的：那麼，聖父、聖子和聖靈的三一性——埋植在

歷史實在 (historical reality) 的深層結構中——也必然是上帝本身的內在存有在永恆中的實況。[3]

基督徒若是用時間和努力，嘗試理解三一論，往往會(即使不總是) 在這個驟眼看似難明和無聊的教義中，找到更多的東西。卜仁納正確地指出，三一論是一個防禦性的概念——它的發展是為了守護福音，免被扭曲。不過，倘若他以為只不過是這樣罷了，那麼他就錯了。三位一體的概念本身有其優美之處，指向上帝本身的優美。那是愛的優美，反映在一個真理中：上帝是愛。在世界未有之先，祂所愛的是誰？祂自己——在三個互愛的位格之契合中。因此，三位一體成為受造物相愛和契合的典範。[4] 最後，它不是一個艱澀難明的觀念，而是一個相當實際的教義，引導著基督徒的生活和思想。

參考書目——導論和選集

Ayers, Lewis, ed. *The Trinity: Classic and Contemporary Readings.* New York: Blackwell, 2000.

Davis, Stephen T., David Kendall, Gerald O'Collins, eds. *The Trinity: An Interdisciplinary Symposium on the Trinity.* New York: Oxford University Press, 2000.

de Margerie, S.J., Bertrand. *The Christian Trinity in History.* Translated by Edmund J. Fortman. Still River, Mass.: St. Bede's Publications, 1982.

Fortman, Edmund J. *The Triune God: A Historical Study of the Doctrine of the Trinity.* London: Hutchinson & Co., 1972.

Hill, William J. *The Three-Personed God: The Trinity as a Mystery of Salvation.* Washington, D.C.: The Catholic University of America Press, 1982.

O'Collins, Gerald. *The Tripersonal God: Understanding and Interpreting the Trinity.* New York: Paulist Press, 1999.

Toon, Peter, and James D. Spiceland, eds. *One God in Trinity: An Analysis of the Primary Dogma of Christianity.* Westchester, Ill.: Cornerstone Books, 1980.

2. 聖經中的三位一體

若不是聖經植根於救恩歷史的見證，教會在發展的歷程中，實在沒有多少動機、需要或期望，發展出一套上帝的三一論模式。雖然聖經沒有出現過「三位一體」的字眼，卻有證據顯示，這概念在聖經中是有舊約支持的。在舊約書卷中，有一些概念對早期基督徒羣體朝往三一論的方向，顯然特別重要：上帝是「父」、「智慧」、「道」和「靈」。[5] 隨後，新約教會對耶穌基督和聖靈的體驗，就要求把上述用語形成一套簡明的上帝三一性教義。

在舊約中，較少把上帝稱為「父」，總共約有20次。[6] 當這用詞出現時，它往往是(即使並非一成不變)涉及上帝與以色列的立約關係。上帝揀選以色列成為子民，通過他們，上帝可以實現祂的救贖目的。雖然以色列屢次失敗和犯罪，但上帝作為以色列的「父」，仍舊對與祂立約的子民信實。

在舊約中，「智慧」、「道」和「靈」的作用有時是相同的，儘管在三者之間可以見到有趣的分別。這三個用詞都是「生動地擬人化的……**既**等同於上帝和上帝的活動，也與上帝有區別。……」[7] 三者都是「上帝活動的擬人化媒介……還未正式被視之為位格」，但其運作卻有「位格的特性」。[8]

在箴言八章22至31節中，「智慧」被描述為「在耶和華造化的起頭」由上帝「創造」的(22節)。它是存在於「未有世界以前」(23節)，「大山未曾奠定，小山未有之先」(25節)，並建立高天(27節)。這是哪一類的智慧？它是一種與上帝密切關聯，卻仍然是有別於上帝的智慧，從起初就有，取悅上帝，在上帝裏並在上帝的創造裏歡樂。諸如此類的聖經經文便成為種子，在延續舊約的期待中，栽培出驚人的新品種，尤其是當受到基督的誕生、事奉、死亡、復活和昇天等事情所灌溉時。

在舊約中，上帝的話語經常是積極的、有力的和創造性的。它經常成就出乎意料的事情。萬物由上帝的話語所造，複雜而多姿（創一章；詩三十三8～9）。「道」與「靈」在作用上往往相同（詩三十三6）。[9] 此外，「靈」（希伯來文 *ruach*；希臘文 *pneuma*）在舊約中出現超過400次，是「表達上帝的創造性、啟示性和救贖性活動的第三種方式」（比較創一2）。[10]

新約沒有提過「三位一體」一詞。然而，我們發現，新約作者始終如一地指出，耶穌基督與舊約的天父是擁有獨特的父子關係。

馬太福音在早段的敍述中，已經培植了以馬內利（Immanuel，意思是「上帝與我們同在」）是由聖靈感孕的主題，馬太也表明耶穌與上帝之間有著獨特的父子關係。馬太福音以同樣的方式結束，提到耶穌吩咐祂的門徒「奉父、子、聖靈的名給他們施洗」，這或許是新約中最清楚的三一性洗禮公式。最後，耶穌提醒祂的門徒，**祂將會與他們同在**，「直到世界的末了」（太二十八20）。故此，馬太福音可以說是敍述上帝在耶穌裏與以色列同在。

耶穌是「上帝與我們同在」者，聖子在耶穌裏啟示出來，而且聖父也是藉著祂啟示的。事實上，萬事都是由天父「交托」給聖子的。「除了父，沒有人知道子；除了子和子所願意指示的，沒有人知道父。」（太十一27）。正如歐柯林（Gerald O'Collins）評論：「這是肯定了耶穌正是天父的**獨生子**，兩者之間有獨特的相互認識和關係，這是從耶穌啟示出來的相互關係，並非一位以往未識之神，而是惟有祂才完全和真確地認識的上帝。在父／子對話中的一個獨特而新穎的特徵，已經在這裏出現了。」[11]

馬可福音沒有童女生子的記載。事實上，馬可最初揭示耶穌的身分，就是藉著注目於祂受施洗約翰的洗禮（可一11）。馬可在短短幾節經文中教導，耶穌的身分和事奉是延續了希伯來聖經的先知傳統和期望，而耶穌與上帝（天父）和聖靈之間，擁有一份獨特的關係。當然，問題仍然是這個父子關係的性質。

新約作者（例如使徒約翰）堅稱，成為肉身的基督實際上就是上帝的**道**（*logos*），太初與上帝同在，如今取了人性，進入世界之中（約一1、14）。「道」怎能成為人？約翰明智地沒有試圖解釋這是如何發生的。除了在福音書記載的事件外，約翰再沒有以這樣複雜的方式來描繪上帝。然而，正是由於那些事件及其相關的教導，約翰堅持，先存的聖子道成肉身。最後，約翰寫道，萬物是通過先存的「道」而得以被造的（約一3）。

保羅和希伯來書的作者也主張聖子的先存性，不過他們沒有像約翰一樣，運用「道」這詞彙。保羅描述，聖子是「那不能看見之上帝的像，是首生的，在一切被造的以先。因為萬有都是靠他造的……」（西一15～16）。[12] 希伯來書的作者提到上帝是藉著聖子「創造諸世界。他是上帝榮耀所發的光輝，是上帝本體的真像……」（來一2～3）。

保羅、約翰和希伯來書的作者因何為上帝提出了如此奇怪、似乎難以理解的一個模式，說「上帝」既是「與上帝同在」，卻仍然是單一的統一性（a single unity）？我們只可以指出，他們與基督的相遇，就是答案。總之，基督的復活讓他們不得不尋找一個新模式，描述以色列這位難以逆料的複雜上帝。

我們發現，新約作者不只在他們堅稱耶穌已經從死裏復活上是一致的，他們也強調耶穌的復活證明祂有上帝之子的獨特兒子地位。耶穌向上帝禱告，稱祂為**阿爸父**，強烈暗示了這個獨特的父子關係（比較可十四36）。保羅承認，基督的復活是一個無法否認的證明，表明「上帝統治的大能降臨，以及**阿爸父**的無限憐憫……當耶穌從上帝並與上帝一起得到全新、不能朽壞的生命時（例如：羅六9～10；徒十三34）。」[13] 舊約作者對於聖父的立約用語，現在「從猶太信仰和虔修的邊緣位置，移往中心，而且在基督徒論上帝的用語中一直運用，並被提升至中心的地位。」[14] 鑑於天父使耶穌從死裏復活，問題就難免會出現。「祂以前是／現在是一個**神聖**的個體，與祂所稱為**阿爸父**的耶和華是同等的嗎？」[15]

早期教會用「主」（*kurios*）字來指復活的基督，這是一個相當重要的指標，顯示聖子有獨特的兒子地位。耶穌是復活的「主」：「眾人同有一位主；他也厚待一切求告他的人」（羅十12）。接下來的神學辯論，將會集中因著「主」字而不可避免出現的重要問題。「耶穌既有天地的權柄，祂究竟是誰？祂與父上帝有何關係？」[16]

至於聖靈，問題便倒過來。「聖靈作為上帝的靈，顯然是神聖的。不過，我們過去／現在要處理的是一個獨特的、神聖的個體或位格嗎？」[17] 新約作者把聖靈與基督的位格和工作連在一起。聖靈「蔭庇」馬利亞（路一35）。當耶穌受約翰的洗時，聖靈以鴿子的形式降臨在耶穌身上，開展並賜力給祂的公開事奉（路三22）。聖靈引領或驅使耶穌進入曠野，受魔鬼的試探（路四1）。耶穌在拿撒勒宣告，祂是那蒙應許者，聖靈在祂身上（路四16）。

約翰福音在離別的講論中（約十四～十七章），特別集中於耶穌與聖靈的關係。耶穌將會祈求天父，而祂會賜予門徒「另一位」保惠師，是「真理的聖靈」（十四17）。耶穌不會撇下門徒為「孤兒」，卻要藉著聖靈臨到他們（十四18）。當聖靈來臨時，祂是「父因我的名所要差來的」，祂要教導門徒，「將一切的事指教你們，並且要叫你們想起我對你們所說的一切話」（十四26）。天父差來聖靈，正如聖子一樣（十五26）。聖子的離開實際上是一件美事，因為當祂離去時，祂會差遣聖靈給門徒（十六7）。聖靈要榮耀聖子（十六14）。

保羅對聖子與聖靈之間的關係，同樣相當感興趣。保羅談到上帝賜予或差遣聖靈，或提過接受聖靈，但大體上沒有指明是誰差遣聖靈。保羅如何看待聖靈的個體性或位格身分？他所用的動詞顯示，他同時以非位格和位格的方式談到聖靈（「澆灌」，羅五5；「作憑據」，林後一22；「代求」，羅八26～27；「分給」恩賜，林前十二11）。[18]「簡言之，保羅書信的用語暗示，聖靈是一個個體，在位格性的活動中參與。」[19]

新約作者與復活的基督和聖靈相遇，讓他們不得不發展出一套神學，以出乎意料卻似乎是難以避免的方式，來解釋他們對上帝的概念。「父」、「道」和「智慧」，並非父上帝不連貫的特徵，而是預示了與上帝及其立約子民的一個現今和未來的關係。因此，我們發現，施行拯救的上帝不只是一個，而是三個，聯合在父、子和聖靈的內在關係中。聖經的上帝是三位一體的。

參考書目——聖經中的三位一體

Barrett, C. K. *The Holy Spirit and the Gospel Tradition.* London: SPCK,

1947.

Brown, Raymond E. *An Introduction to New Testament Christology.* New York: Paulist, 1994.

Burge, Gary M. *The Anointed Community: The Holy Spirit in the Johannine Tradition.* Grand Rapids: Eerdmans, 1987.

Cullmann, Oscar. *The Christology of the New Testament.* London: SCM, 1959.

Davey, J. E. *The Jesus of St. John: Historical and Christological Studies in the Fourth Gospel.* London: Lutterworth, 1958.

Dunn, J. D. G. *Jesus and the Spirit.* Philadelphia: Westminster, 1975.

______ . *Christology in the Making.* Philadelphia: Westminster, 1980.

______ . *The Parting of the Ways between Christianity and Judaism, and Their Significance for the Character of Christianity.* Philadelphia: Trinity, 1991.

Gruenler, Royce G. *The Trinity in the Gospel of John: A Thematic Commentary on the Fourth Gospel.* Grand Rapids: Eerdmans, 1986.

Harris, Murray J. *Jesus as God: The New Testament Use of Theos in Reference to Jesus.* Grand Rapids: Baker, 1992.

Hurtado, Larry W. *One God, One Lord: Early Christian Devotion and Ancient Jewish Monotheism.* Philadelphia: Fortress, 1988.

Kramer, W. *Christ, Lord, Son of God.* London: SCM, 1966.

Mettinger, Tryggve N. D. *In Search of God: The Meaning and Message of the Everlasting Names.* Philadelphia: Fortress, 1988.

Montague, George T. *The Holy Spirit: Growth of a Biblical Tradition.* New York: Paulist, 1976.

Moule, C. F. D. "The New Testament and the Doctrine of the Trinity," *The Expository Times* 78, no. 1 (October 1976): 16～21.

O'Collins, Gerald. *The Tripersonal God: Understanding and Interpreting the Trinity.* New York: Paulist, 1999.

Ramsey, Michael. *Holy Spirit: A Biblical Study.* London: SPCK, 1977.

Schaberg, J. *The Father, the Son and the Holy Spirit: The Triadic Phrase in Matthew 28:19b.* Chico, Calif.: Scholars, 1982.

Schweizer, Eduard. *Spirit of God: Bible Key Words.* London: A. & C. Black, 1960.

Swete, H. B., *The Holy Spirit in the New Testament.* London: Macmillan, 1909.

Toon, Peter. *Our Triune God: A Biblical Portrayal of the Trinity.* Wheaton: Victor Books, 1996.

Wainwright, Arthur W. *The Trinity in the New Testament.* London: SPCK,

1975.

Warfield, B. B. "The Biblical Doctrine of the Trinity." In *Biblical and Theological Studies*. Philadelphia: Presbyterian and Reformed, 1968.

註釋：

1 Emil Brunner, *The Christian Doctrine of God: Dogmatics*, vol. 1, trans. Olive Wyon (London: Lutterworth Press, 1949), p. 206.

2 Celsus, *On the True Doctrine: A Discourse Against the Christians,* trans. R. Joseph Hoffmann (Oxford & New York: Oxford University Press, 1987). 克理索的作品撰於2世紀，他提到三位一體是基督徒的「核心教義」，並且加以反對。參頁94。

3 Karl Barth, *The Doctrine of God, Church Dogmatics,* II/1, trans. T. H. L. Parker et al. (Edinburgh: T. & T. Clark, 1957), pp. 326～327.

4 Leonardo Boff, *Trinity and Society,* trans. Paul Burns (Maryknoll, N.Y.: Orbis Books, 1988).

5 Gerald O'Collins, *The Tripersonal God: Understanding and Interpreting the Trinity* (New York: Paulist Press, 1999), pp. 12, 23. 本段的簡短導論，特別受惠於歐柯林（O'Collins）的見解。

6 O'Collins, *The Tripersonal God,* p. 14.

7 O'Collins, *The Tripersonal God,* p. 34.

8 O'Collins, *The Tripersonal God,* p. 23.

9 O'Collins, *The Tripersonal God,* p. 31.

10 O'Collins, *The Tripersonal God,* pp. 31～32.

11 O'Collins, *The Tripersonal God*, p. 43.

12 保羅也「重新定義了……猶太教的一神論」，強調基督是「創造的行動（agent of creation）」。「終末拯救（即上帝的最終國度）的行動，等於是新創造的行動（林後五17；加六15）。那麼，在末後有效之事，在最初也必然有效；關於基督的終末性宣稱，很快就會得出關乎『起初之事』的宣稱；即祂是參與上帝創造世界的作為。」另請留意保羅用「智慧」來描述基督，讓我們想起前文論到舊約把「智慧」用於創造（林前一17～二13）。保羅在哥林多前書中強調，耶穌的角色是「在創造中（林前八6）和在先存的、拯救選民的行動中（林前十4）」的神聖智慧。（O'Collins, *The Tripersonal God,* p. 57）

13 O'Collins, *The Tripersonal God,* p. 51.

14 O'Collins, *The Tripersonal God,* p. 53.

15 O'Collins, *The Tripersonal God,* p. 54.

16 O'Collins, *The Tripersonal God,* p. 55. 另請留意，對保羅來說，「主的日

子」是適用於耶穌的。祂是空間、時間和歷史的主。「保羅與其他新約作者採納末日審判的用語，一再應用在基督的最後再來上（帖前五2），『我們主耶穌基督的日子』（林前一8，五5；林後一14；腓一6，一10，二16）。上帝在審判中最後和決定性介入的日子，被理解為等同於基督在審判中最後和決定性介入的日子。主耶穌基督是要完成上帝在未來所要發揮的功能。末日審判的期望，把上帝與基督聯繫在一起，顯示祂們兩者之間是可以互換的。」（頁58～59）

17 O'Collins, *The Tripersonal God,* p. 54.

18 參 O'Collins, *The Tripersonal God,* p. 64.

19 O'Collins, *The Tripersonal God,* p. 64.

I. 三位一體教義的歷史發展

第一章

三位一體：教父的貢獻

三位一體教義的導論，可以用許多方式開始。我們選擇了一個歷史性的導論，因為我們感到，當代任何關於教會如何教導這課題的可靠說法，相關教義的歷史是必須的。我們由早期基督教神學家的起源開始。

教父時代對三位一體的神學討論，建基在一些重要的基礎上。其中首要的是聖經本身，包括希伯來聖經，以及被統稱為新約的經卷。此外，早期的禮儀、簡短的信經宣述、敬拜的方式，以及早期教會包羅萬有的信仰規條，都提供了資源和指引，說明重要的教父是如何思忖上帝在耶穌基督裏啟示的情況。教會的實踐與文獻最終使早期基督徒領袖提出了一個上帝的三一性模式，不過這個模式的形成，卻耗費了許多時日和筆墨。當基督徒羣體敬拜、研經、禱告和默想時，愈來愈認識到教會在耶穌基督裏所遇見的上帝是不可思議和錯綜複雜的，挑戰著人類的理解和語言分析力。在4世紀末的大公會議中，教會達成結論，認為上帝必然同時是以統一性（unity）和三一性（trinity）的方式存在。

亞他那修（Athanasius）等4世紀的神學家認為，聖經、教會在崇拜中的實踐，以及救恩的戲劇性事件本身，顯明了一個三一性的上帝觀的必要性。亞他那修、大巴西流（Basil the Great）和拿先斯的貴格利（Gregory of Nazianzus）都各自主張，在教會的孕育中實踐解經，難免導致需要一個三一性的模式。然而，這些主張三一論典範的人，卻讓其他教父感到困惑，因為他們的定案是用了一個在聖經中找不到的新詞——其中一個是「本體相同」（*homoousios*）——來描繪和闡明聖經內容和教會習俗（尤其是崇拜）的含義。

尼西亞會議（325年）所達成的結論是有爭議性的，而且歷時超過50年，對其拒絕並不罕見。某些教父否定尼西亞會議的結論，因為（正如上文所述）他們覺得新杜撰的用語——我們再次記得是「本體相同」——逾越了聖經本身的見證。這些神學家（贊同尼西亞，在神學上保守）期望見到信經的遣詞用字是較為緊扣聖經的。亞流（Arius）的支持者一直認為，聖經的見證確實給予基督一個崇高的地位，卻沒有教導過祂是上帝，而且是非被造的。

或許我們可以跟隨的道路，就是追溯教會的腳蹤，回到2世紀的開頭，然後與基督教的主教、牧者、解經家和神學家一同前行。事實上，教父時代的神學在許多方面都是釋經，早期基督徒解經者的掙扎——有時較為成功，有時則不然——就是要理解聖經如何談及聖父、聖子和聖靈。

1. 早期尼西亞前期[1]

在2世紀最初約60年間基督徒領袖的作品中，我們可以找到甚麼？正如我們可以預料的，我們不會找到已經成熟發展的三一論用語或神學，那是在4世紀之後才開花結果的。然而，我們發現有證據顯示，早期的2世紀作者在試圖理解上帝的本性和工作中，對於希伯來聖經、使徒見證和教會崇拜的含義，已經留意、分析和掙扎。

革利免（Clement）主教是在1世紀末葉撰寫著作的，他一再提到父、子和聖靈。他特別描述聖父與創造的關係：「……我們當專心仰望天父，就是那創造全世界的主」（《革利免一書》19:2）。「上帝的恩賜」包括了「生命的不死，公義的光輝，真理的剛強」，它們是源自「創造主兼萬代的天父」，祂是「知道那些恩賜的廣大和甘美」（《革利免一書》35:1～3）。「宇宙的創造主」是藉著「祂所愛的僕人耶穌基督」，保守上帝的選民「完好無缺」（《革利免一書》59:2）。革利免描述耶穌是創造者的「僕人」，是「上帝之偉大權杖，我們的主耶穌基督」（《革利免一書》16:2）。

聖靈經常出現在《革利免一書》中。革利免寫道，是聖靈默示聖經的（《革利免一書》45:2），而且基督親自藉著聖靈說話（《革利免一書》22:1）。在一句惹人注目的片語中，革利免把父、子和聖靈聯繫在一起，鼓勵他的讀者記著，正是由於這三位活著，那些柔和謙卑地順從上帝誡命的人，可以確保他們會「被列入和包括」在蒙揀選者的數目中。革利免也在使徒傳道（《革利免一書》42:1～4）和呼召的經文中，把父、子和聖靈放在一起。例如，革利免問：「我們不是同奉一位上帝，一位基督嗎？不都是同受一位賜恩的聖靈之澆灌嗎？而在基督裏的呼召，豈不是同一的嗎？」（《革利免一書》46:6）大巴西流以後就是在這類經文上，重述和發展他自己的三一論思想。[2] 那麼，在1世紀末，我們見到一位基督徒主教，在他的著作中埋下了三一論礦藏的珍寶，後來受到開採提煉。

我們在安提阿主教伊格那丟(Ignatius)的書信中，見到同樣的點點效果。伊格那丟是在羅馬衞兵帶他前往羅馬行刑途中，寫下了這些書信。在書信中，當伊格那丟談到父、子和聖靈時，運用了崇敬的用語。例如，在伊格那丟致以弗所教會書信的序言中，他說以弗所教會是「由於聖父和我們的上帝耶穌基督的旨意，藉著真實受難的方法而聯合一起和被揀選的」(引言)。後來在同一封書信中，伊格那丟描述基督「是聖父的旨意」(《致以弗所人書》1:30)、「我們的救主」(《致以弗所人書》1:1)，以及「我們不可分離的生命」(《致以弗所人書》1:3)。伊格那丟對道成肉身的描述，其中所包含的基督論和至少是「二位一體論」(binitarian)的意思，也相當值得注意，這見於他提到基督是「屬乎肉體，也屬乎靈性，是受生的，但也不是受生的，祂是在人裏面的神，在死亡裏的真生命，祂出自馬利亞，也出自上帝。……」(《致以弗所人書》7:2)。伊格那丟堅稱，耶穌是從人的後裔和「由聖靈」而生的(《致以弗所人書》1:18)。在那些也許是他論到父、子和聖靈時最惹人注目的說話中，伊格那丟寫道，以弗所教會是「聖父上帝的建築物，藉著耶穌基督的吊車(即十字架)高升，用聖靈為繩索。……」(《致以弗所人書》9:1)

伊格那丟就像他之前的革利免一樣，並不是以一個維護教會信經的神學家身分來寫作的。相反地，他是一個主教，撰文是為了在他眼見生命面臨終局之際，鼓勵、勸勉和安慰他的羣羊。更重要的是，他的用語中所含的三一論思想，播下了種子，以後在亞他那修或巴西流的思想中發芽生長。

另一份2世紀初的文獻，相當出色地說明了古代基督徒在如何理解上帝的統一性和多重性中掙扎時，所要面對的難題。《黑馬牧人書》(*The Shepherd of Hermas*)是一份當時相當流行的作品，愛任紐(Irenaeus)、亞歷山太的革利免和俄利根(Origen)等人都視之為符合正典的地位。這部作品正確地堅稱只有一位上帝。可是，黑馬對於如何理解聖子和聖靈，存在掙扎。事實上，黑馬似乎陷入了後來的神學家一再重蹈的錯誤中。例如，我們不清楚黑馬究竟是否認為聖子是一個天使，或比天使更古老。有時，他對聖子與聖靈之間的區分模糊不清，而且有一次似乎把兩者混在一起，寫道：「那靈即是上帝的兒子」(〈比喻〉9.1[78]:1)。在別的地方，黑馬流露了嗣子論者(adoptionist)的傾向，這見於他的葡萄園比喻(〈比喻〉5)。雖然我們在黑馬的著作中找到支持上帝的統一性，但他對上帝的多重性之掙扎，卻是那時代的特徵。

若是要一瞥早期教會的職事和習俗，以及它對上帝的理解，可以參考教理問答式的文獻，例如《十二使徒遺訓》(*The Didache*)。上帝在禱文中被稱為「父」(《十二使徒遺訓》8:2；10:2)，而且在一段三一性洗禮公式語中，祂也被稱為「父」(「奉父、子、聖靈的名」，《十二使徒遺訓》7:3)。耶穌經常被稱為「主」：「主所吩咐的」(《十二使徒遺訓》8:2)。《十二使徒遺訓》也提到洗禮是「奉主的名」進行的(《十二使徒遺訓》9:5)。在《十二使徒遺訓》10章6節中，亞蘭語字詞*maranatha*(「主必要來」)出現了一次。至於提到聖靈的地方，就只有《十二使徒遺訓》7章1和3節的洗禮公式語。雖然《十二使徒遺訓》這類簡短的教理問答文獻缺乏詳盡的三一論反省，卻仍然是重要的，因為它們提供了滋養教會三一論溫牀的土壤。

我們在早期基督徒殉道的記載中，也找到其他地方暗示上帝的複雜本質，例如坡旅甲(Polycarp)主教的記載。坡旅甲的殉道事蹟，可能是現存最古老的殉道記載（約160年代初），描述臨刑前的坡旅甲清楚地以三個一組的認信方式來稱呼上帝：「啊，主全能上帝，你所愛的兒子耶穌基督之父。……我稱頌你，因為你已賜我這一天和這一時刻，讓我可以位列在殉道者的數目當中，……復活至永生，……住在聖靈的不死中。」（《坡旅甲殉道記》14:1～2）

在坡旅甲殉道記載的後文中，我們發現在基督與基督的殉道者之間，有謹慎的區分。基督是「上帝的兒子，我們對祂崇拜，但我們所愛慕的殉道者則是主的門徒和效法者」（《坡旅甲殉道記》17:3）。在坡旅甲受死的記載中所找到的那些崇敬禱文和頌詞，很快就導致要有神學上的發展。因此，不只是聖經，教會的崇拜和禱告也顯然是其神學的溫牀。例如，亞他那修後來主張，假如基督徒曾經敬拜基督，並會繼續敬拜祂下去，那麼祂就必然要被視為是上帝。否則，那是指控教會從1世紀開始，在禱告和實踐中一直褻瀆上帝。

最後還有兩份2世紀初的文獻，有助我們理解上帝的統一性和多重性為何難免成為神學反省、討論和爭議的一個主題。在《巴拿巴書信》（*The Epistle of Barnabas*）中，我們見到這位早期基督徒作家翻遍希伯來聖經，詳查每一段說明上帝的旨意在基督裏應驗的經文。巴拿巴把基督描述為先存的，祂是「上帝在創立世界之前，曾對祂說：『我們要照著我們的形像和樣式造人』」的那一位（《巴拿巴書信》5:5）。在同一段中，巴拿巴描繪聖子是「全世界的主」。這封書信有時稱上帝是「父」（比較《巴拿巴書信》2:9; 12:8）。信中甚少談到聖靈，不過就提過聖靈指導摩西「作十字架的記號」（《巴拿巴書信》12:2）。

我們以《革利免二書》(*2 Clement*) 結束對早期的後使徒時期 (post-apostolic) 文獻之綜覽，這份文獻起初可能是以講章的形式在100年左右出現。書中講章的開首語十分觸目：「弟兄們哪，我們必須思考耶穌基督，如同思考上帝一樣，認祂為『審判活人死人』者」(《革利免二書》1:1)。另請留意結束的稱頌語：「願榮耀歸於獨一不可見的上帝，真理的聖父，祂差遣了真理和屬天生命給我們，願榮耀歸於祂，世世無盡。阿們。」(《革利免二書》20:5)

當然，以後的基督徒將要掙扎回答的問題是：我們如何認為耶穌基督是上帝，而同時主張聖父是「獨一的上帝」？在《革利免二書》中，作者清楚地為同一類問題而掙扎，可是有時卻沒有他以後的基督徒處理得那麼成功。例如，他在對會眾的道德勸勉中，似乎模糊了基督與聖靈之間的區別：「我們若說，肉身是教會，靈是基督，那麼，若有誰侮辱了肉身，也就是侮辱了教會。這樣的人不會領受聖靈，即是不會領受基督。」(《革利免二書》14:4) 再一次，我們感到一個早期基督徒作家試圖整理清楚他從聖經、禮儀和靈修中，所得到關於父、子和聖靈的複雜見證。聖父與聖子之間的關係，在此是得到高分的。至於聖子與聖靈之間的關係，成績就沒有那麼好。

倘若我們想在早期的後使徒時期作家中找到成熟的三一論反省，我們將會感到失望。那是完全缺乏的。早期基督徒的思想和實踐的含義，若要發酵成熟，還是需要多一點時間。因此，教會歷史學者和神學家往往是由2世紀的護教士 (apologists) 開始，處理三位一體的教義。[3] 然而，假如我們太快越過後使徒時期，我們就會犯錯。因為在這些教會生活的早期，大約在100至150年間，許多三一論的問題、爭議和困難，就開始浮上教會思想的表層。例如，早期基督徒羣體愈來愈清楚，上帝在福音書敍述中所呈現的面貌，既複雜又神秘。後使徒時期的作者堅持上帝的統一性，同時承認教會把基督視為上帝去敬拜是恰當的。基督既是上帝，那麼基督徒怎可以仍然持守上帝的統一性，這一個問題將會在以後的年間愈來愈多討論。正如上文所述，後使徒時期的作者也仔細衡量過基督與聖靈的關係，有時把兩者視為是同一的。在早期基督徒護教士(apologists)諸如殉道者游斯丁(Justin Martyr，110～165年)的作品中，這些課題將會顯得較清晰和有結構。

2. 護教士

當我們進入2世紀下半葉時，我們遇見一個在尼西亞前期(Ante-Nicene)早期維護基督教信仰的護教士：殉道者游斯丁。殉道者游斯丁對於猶太人拒絕拿撒勒人耶穌可以是所應許的彌賽亞的可能性，致力回應。游斯丁在《與推芬對話錄》(*Dialogue with Trypho*)中，直接處理基督的神性問題、它對於基督與聖父之關係的含義，以及基督的神性對於祂那作為真正人類的生命有何關係。類似的論證和分析，也見於游斯丁的《第一護教辭》(*First Apology*)。

游斯丁一直認為，希伯來聖經指出以色列向來所期待的彌賽亞，就是上帝。游斯丁在回應推芬要求證明祂「按照聖父的旨意，藉童貞女而降生成人，並甘願被釘在十字架上，受死」(第63章)時，列出了長串的舊約經文。游斯丁似乎相信，這些經文是不言而喻地指向道成肉身的，而且評論說：「因此，這些話確實證明，藉著祂所確立的這一切，祂被見證為上帝和作為基督，是配得受崇拜的。」(第63章)

不過，游斯丁明白，假如他堅持耶穌的神性，那麼就會立即面對另一列問題：倘若耶穌是上帝，那麼基督徒怎能宣稱是敬拜獨一的上帝？[4] 耶穌是上帝，與聖父是同一情況嗎？抑或祂可能是一個較小的神？倘若基督、聖父和聖靈全都是上帝，彼此又有何分別？聖子與聖靈有區別嗎？假如父、子和聖靈分享同一的心思，那麼這是意味著祂們有同一的意識嗎？[5]

怎樣最能描述聖父與聖子的關係呢？游斯丁以不同的方式提到基督，包括「主」、「上帝的兒子上帝」和「道」。耶穌作為「道」，「把信息從聖父帶給人」。然而，道所發揮的力量是「與聖父不可分開和不可離散的」。為何如此？在此，游斯丁運用了一個注定會在教父的三一論思想中一再出現的例證。游斯丁要求他的會眾，想像陽光到達地上的情況。雖然這些光線有別於天上的太陽，卻同樣與它「不可分開和不可離散」。它就像是一團火點燃起另一團火。聖子的受生 (begetting) 也是一樣。非受生的聖父生出了聖子，「卻不是把其截斷了，彷彿聖父的本質是分割的」。[6] 歐柯林指出，游斯丁在此「預示了一個將會在4世紀持久爭論的問題：聖父與聖子 (或道) 的同質性 (consubstantiality，或「同一本質」的存有)，祂們在其中分享了同一的本質或 *ousia*。」[7]

游斯丁不僅預示了未來對聖父和聖子的同質性的討論，他也是第一個人把基督與箴言八章22節所提到的上帝智慧連在一起。他開展了一個在教父時代一直出現的意象——「出於光而為光」——這句話後來併入了〈尼西亞信經〉，他也是最早的教父，把創世記一章26節理解為起碼是指聖父與聖子一同創造人類。[8] 游斯丁傾向把聖子說成是「使者」(Angel) 的做法，在以後的教父之間不太被接受。他想把聖子稱為「創造主之外的另一位上帝」，也不大成功，這用語很易讓人以次位論（subordinationist）的模式來理解三位一體的內部關係。[9]

事實上，正如諾理斯（Russell Norris, Jr.）指出的，游斯丁想運用「道」（*logos*）的模式來**解釋**基督作為「上帝的兒子」的意義，而不只是把兩者連在一起，實際上造成了難題。[10] 游斯丁認為，聖子「受生」的方式，類似一個「理性的心思（*logos*）以一個理性的字詞（*logos*）表達出來。『道』是上帝的『話語』，在某種意義上，即是上帝的兒子；而『道』的『受生』是在上帝『說』出祂和『差』出祂時實現的。」[11] 諾理斯注意到，難題在於從思想的上帝話語（God's Word thought）到言說的上帝話語（God's Word spoken）之變動（即是成為「上帝的兒子」），暗示了「道」有內在的變化，諾理斯留意到，在安提阿的提阿非羅（Theophilus of Antioch）把「內在的道」（*logos endiathetos*）與「表達的道」（*logos prophorikos*）作出區分時，這個難題顯然就出現了。

不過，游斯丁即使有時偏離了軌道，但他願意傾聽在崇拜、祈禱、禮儀和信經式認信中的教會，大體上讓他保持在正確的方向上前進。他在《第一護教辭》中寫道：「我們尊崇和敬拜祂〔真神〕，而聖子是來自祂，並教導我們這些事情，……和那有先知性的聖靈。」[12] 游斯丁似乎明白，倘若教會敬拜父、子和聖靈，那麼某類的三一性模式必然會接踵而來，而且他為其提供了建構的重要基礎。

3. 早期亞歷山太學派

亞歷山太的革利免（Clement of Alexandria）在《導師》（*The Instructor*，即 *Paidagogos*）和《雜記》（*Stromata*）兩部作品中，

遍佈了提及或暗示三一論思想的地方。例如，在接近《導師》的開端，革利免提出了一段「致導師的禱告」(“Prayer to the Paedagogus”)，這是早期基督徒對父、子和聖靈的祈求和讚頌。[13] 另一有趣的地方是，革利免在他的講章〈誰是會得救的富人？〉(“Who Is the Rich Man That Shall Be Saved?”)中，經常提及「聖父上帝的能力、聖子上帝的血和聖靈的潤澤」所給予的保守。[14]

讀者可以翻開《雜記》的第7部第2章，那是革利免反省聖父與聖子之關係的一個釋經例子。革利免把聖子描述成「最完全的、最聖潔的、最有能力的、最高貴的，以及最仁愛的」。聖子是「照著天父的旨意治理萬物，極其美好地以毫不疲倦的能力掌管宇宙。……」聖子「總不離開，不被分裂，不被割斷，不從一地移到另一地，總是無所不在，不被任何地方限制，完全的心智，完全如父的光明。」[15]

偉大的亞歷山太釋經家俄利根在《論首要原理》(*On First Principles*，即 *De Principiis*)中，提供了重要和有趣的例子，顯示一個神學家如何嘗試理解關於父、子和聖靈的聖經見證及信仰準則。俄利根有時在他的沉思和解釋中會誤入歧途，不過他對三一論思想的貢獻，卻不可忽略。[16]

俄利根認為，聖子的受生不可能是肉身的受生。「我們不會如異教徒所想像的那樣，說上帝實體的某一部分轉化成了聖子，或說聖子是聖父從虛無中造出來的，而不是藉著父自己的實體而來，因而聖子有一段時間是不存在的。」不是的，俄利根堅持，形體的解釋根本毫無作用。相反地，聖子「是不可見的、無形體的，在沒有任何形體的感覺中產生，猶如意志的行動是從理解中出來的一樣……」俄利根轉到教父常用的光線及其光源的例子，說明他的論點。

「因此，正如光既不可能沒有光輝而存在，聖子也不可能沒有聖父而存在。」

在預見將會出現的爭論中，俄利根不明白怎能有人聲稱：「曾有一段時間祂不是聖子。」聖父曾經試過在沒有祂所「彰顯的形像」(express image) 時存在嗎？若說有一段時間聖子是不存在的，就是主張「曾有一段時間祂不是真理，不是智慧，也不是生命，但我們相信，聖父上帝的完全本質是在這一切之中，這一切都不能從祂移去，更不能與祂的本質分離……」[17]

不過，俄利根在他嘗試理解聖子的性質，以及祂與聖父的關係時，並不總是成功或前後一致的。一方面，俄利根寫道：「假如我們的救主知道聖父所知道的一切……必須明白，祂是救主因為祂是真理，而假如祂是全部的真理，那麼祂就會知道一切的真理。」[18] 另一方面，俄利根也堅稱：「在知識方面，聖父本身是比聖子所認識的更全面、更清晰和更完整。」[19] 俄利根偶爾主張，神性是有程度之分的，而且有時是按照比例加以看待：聖父：聖子 (和聖靈)：一切受造的存有。[20]「我們說，聖子和聖靈勝過一切受造的存有，程度無可比擬，而聖父也是同樣或更大程度地勝過祂們。」[21] 俄利根沒有適當地解釋在父、子和聖靈共享的神性中，怎麼會有這樣的比例，他似乎墮入了其柏拉圖思想背景的陷阱中。倘若聖父是聖子的源頭，即使是藉著永恆受生 (eternal generation)，「前後一致的柏拉圖主義必然得出以下結論，」正如卡理 (Phillip Cary) 指出的，「祂在存有上是從屬的，在尊榮上是較低的，在權能上是較少的。」[22]

俄利根對聖靈的思想，也十分混雜。他承認，聖靈「是一個實體的存有。祂不是如某些人所想像般，是上帝的行動而沒有個體的存在。」聖靈對屬靈恩賜的「賜予」和「分配」，是一個「主動的實體」(active substance) 的行動。[23] 俄利根清楚指出，「直至現在，我仍然找不到一段經文可以說明聖靈是一個受造之物。……」[24] 不過，正如我們見到的，俄利根大可以寫道，聖父勝過聖靈，正如聖靈勝過「所有受造之物」的程度一樣。

或許因著他那富想像力、有創意的思維，俄利根是一個貼切的典範，說明了教父對於充分論述(卻不是說得過多)三位一體的掙扎。有時，他似乎違背了自己的忠告。例如，他正確地勸告他的會眾，要避免把聖子的「受生」想像成「等同於人藉著人或動物藉著動物的出生；彼此之間是有相當大的分別……因為沒有任何現存的東西，或想像，或猜測，可與上帝比擬。」俄利根注意到，由於「人的思想難以理解非受生的上帝如何成為獨生聖子的父」，俄利根描述這樣的受生是「永恆」和「不停止」的。然而，俄利根逾越了他自己的忠告，提出一個建基於柏拉圖主義背景的模式，這模式後來卻遭到拒絕，原因就是他試圖解釋太多，沒有保持三位一體的奧秘。俄利根為使我們明白的努力，最後卻領我們離開了難以言明的真理。[25]

4. 早期西方教會

現代讀者最好還是仔細查考愛任紐的作品，尤其是他回應當時盛行的諾斯底主義(gnosticism，或譯「靈知主義」)而作的神學反省，那股思潮並非完全不像20世紀末盛行的諾斯底思想。在芸芸批評之中，愛任紐相信他的諾斯底派對手自稱知道得太多了。他們撰寫了相當複雜、深奧難明的作品，據說探討了世界的形而上和運作結構，在物質(按他們的定義是邪惡的）、靈性（按他們的定義是美善的）與救恩（他們認為是指從物質世界提昇至純淨靈性的境界）之間的關係。當愛任紐批評諾斯底派的宇宙觀時，他謹慎地描述了自己的神學思考方法。愛任紐為了回應諾斯底派驕傲地自稱擁有神聖奧秘的知識，他就提倡一個更為嚴謹、審慎的取向。他提出「知識……的恰當秩序」，而且警告他的讀者不要「試圖淩駕在上帝之上」。沒有人可以完全明白上帝的本性和目的。若是忘記了這一點，只會引往「違背你本性的思路」，最終的結果可以預計是愚昧的。[26]

愛任紐的用語：「保持……你的知識的恰當秩序」，一直是教父的三一論思想所強調之處。不論是在尼西亞前期或尼西亞後期，教父從沒有相信，他們在理性上可以辯明上帝的三位一體本性這奧秘。在教父時代，當人們試圖說得太多而不是太少時，異端似乎便難免會出現。因此，愛任紐等教父感興趣的，較多是神學上的界限，多過是神學上的擴展。他們會說，是的，我們已經發現，上帝遠比我們自己所能想像的更複雜。是的，我們可以肯定，父、子和聖靈分享同一的神性，是一位上帝，不過在那非筆墨能言明的統一體中，祂們仍是有區別的。不過，我們正在嘗試理解、研究、描述和敬拜的實在（reality），不是在我們知識的「秩序」中所能掌握或完全領會的。總之，不論是在2世紀指責諾斯底派教師的愛任紐，或是在4世紀申斥歐諾米派（Eunomian）異議者的拿先斯的貴格利，兩者都堅稱和斷言，神學的理解必然是有限制的。它的探索必須是在某些範圍和秩序內，並且要在崇拜和靈修的處境中孕育。

當然，愛任紐的興趣不只是神學的思考方法和認識論。他最重要的著作《駁異端》（*Against Heresies*）充滿了基督論和三一論的洞見，在他對抗馬吉安(Marcion)和2世紀諾斯底派的觀念中產生和成形。例如，馬吉安教導說，舊約的上帝(馬吉安把這位上帝描繪成是忿怒和復仇的)不可能是在耶穌基督裏所啟示的上帝。愛任紐指責馬吉安把「上帝分成兩個」，宣稱「有一位善良的上帝，另有一位公義的上帝。他這樣做，破壞了兩者的神性。」[27] 愛任紐在此扮演了一個關鍵的角色，協助教會理解兩個要點，兩者都在〈尼西亞－君士坦丁堡信經〉中增強補充：首先，只有一位上帝。正如歐柯林指出：「不可能有多過一個上帝。」第二，我們不能在舊約的上帝與在耶穌基督裏啟示的上帝之間，豎起一道籬笆。兩者實際上是同一的。「猶太人的創造者上帝，即是我們主耶穌基督的父。」[28]

愛任紐在他解釋聖子藉聖父永恆受生中，也奠下了重要的基礎。他承認，他並不理解聖子如何從聖父「生出」，而且猛烈批評諾斯底派自稱對於一個實在不可名狀的課題知道許多。愛任紐肯定，聖子的永恆性是上帝屬性之一，而且提出了相當恰當的例證，說明這受生是如何發生的。[29] 他運用了後來稱為「心理性」(psychological)的模式，把聖子的受生描繪成像「從我們的頭腦所出來的思想，或從我們的嘴唇所出來的字詞」，這個說法也被亞他那修所採用。[30] 愛任紐也用了一個沒有那麼成功的模式，指出聖父「散發」(emitting)道，就像「物質的實體」(material substance)。這個說法似乎需要在時間中的一個起點。尼西亞宣認，聖子是「受生而非被造」，明確否定了時間中受生(temporal generation)的可能性。[31]

就像差不多所有教父一樣，愛任紐相當關注維護聖父的超越性，同時堅持上帝已經在聖子的道成肉身中進入祂的世界。因此，愛任紐運用了他著名的描述，把聖子和聖靈稱之為上帝的「兩手」，「按祂旨意實踐創造之工」。與諾斯底派的推論正好相反，上帝「不需要來自天使的任何幫助，彷彿祂沒有自己的手。因為祂旁邊總有祂的道和智慧、聖子和聖靈。」[32]

有趣的是，當許多教父把箴言八章擬人化的智慧確認等同於聖子時，愛任紐卻把其等同於聖靈。[33]「我們已經提出了許多證據，說明道(即聖子)常與父同在。而上帝藉著所羅門告訴我們，智慧(即聖靈)也是在整個創造以前與父同在的。……」[34] 此外，愛任紐在「一種垂直的、三一論式的線，從聖靈開始朝向聖子，而且繼續從聖子向上至聖父」[35] 中，描述了聖靈的關鍵角色。愛任紐寫道：「聖靈為上帝的兒子預備了人類；聖子引領他們朝往聖父；聖父賜給他們不朽。……這樣，上帝被啟示出來：因著在這一切方式中，父上帝就被彰顯。聖靈作工，聖子履行祂的事奉，聖父認可」。[36]

我們在特土良身上，遇見拉丁西方世界最好的一個神學頭腦。特土良的《駁帕克西亞》(*Against Praxeas*) 依然是研究三一論教義及其發展者所不可不讀的作品。在這部著作中，我們發現特土良仔細衡量了主要的三一論課題，回應了基督教異端對父、子和聖靈的觀點。在特土良的回應和構想中，他杜撰了一個拉丁文三一論詞彙，這詞彙一直相當有影響力。例如，他是第一個用「位格」(person) 一詞來分析三一論關係的作者，首先用拉丁字 *trinitas* (三位一體) 來指上帝，並且最早「發展出**三個位格，一個實體** (one substance in three persons) 的公式語」。[37]

特土良就像他前後時期的基督徒神學家一樣，面對著一些挑戰。他如何維護基督教的一神論，對抗諾斯底派的多神論，同時堅持父、子和聖靈之間有個體的區別，而這區別是受著基督教形態論（modalism）的形式所威脅？

在《駁帕克西亞》中，特土良的主要對手帕克西亞堅決主張上帝之存有的「獨一原則」（"one principle" 或 *mone arche*）。那是說，任何在上帝之存有中的區分，並且在救恩的經世中彰顯出來的，必然是指形態，藉此顯示出上帝（聖父）的獨一原則。帕克西亞辯稱，除此以外的假定，都必然會破壞了一個前後協調的一神論。因此，只有聖父在存有論上存在。那麼，死在十字架上的實際上是聖父（聖父受苦論〔patripassianism〕）。稍後在3世紀中，撒伯流（Sabellius）提出了一個類似卻是修正了的立場，把救恩歷史分為三個明顯的時期，上帝在其中各自彰顯了神聖的臨在：聖父是在舊約期間、聖子是在道成肉身與救贖期間，而聖靈則是在五旬節期間。[38]

特土良把他的上帝模式建構成一個「實體」（*substantia*）和三個獨立的「位格」（*persona*），以回應諾斯底派多神論和基督教形態論的威脅。他教導說，上帝是一個「實體」，歐柯林把這用語恰當地定義為「由父、子和聖靈分享的共同基本實體」（"the common fundamental reality shared by Father, Son, and Holy Spirit"）。[39] 然而，特土良知道要多說一點。上帝的「實體」是一個奧秘的、難以言明的複雜事物，只能通過類比的手法來分析。三個獨立的位格分享了上帝的一個實體，位格的特質是由父、子和聖靈等名稱來表明的。不幸地，希臘文 *hypostasis*（譯註：希臘文的「位格」）通常是用來翻譯 *substantia*（譯註：拉丁文的「實體」），那麼當希臘文的 *hypostasis* 被用來指位格而不是神聖的實體時，就造成了相當大的混淆。

有甚麼類比可以說明這些難以言明的區分？特土良用了一個我們已經在其他教父遇見過的類比，那就是太陽及其光輝。不過，他略為加了解釋。太陽(聖父)「生出」一道光線(聖子)，然後有特定的焦點(聖靈)。特土良也加了其他例子，包括從根長出幼芽，繼而生出果實，以及泉水湧成河流，然後成為水道。他強調說：「這一切都沒有脫離源頭，從源頭中導出它本身的特性。同樣地，藉著持續而相連的步伐，三位一體源自聖父」。[40] 因此，三位一體之內的區分，不是實體上的(substantial，引致多神論或三神論)，而是位格上的(personal)。

然而，我們對於這一點要小心謹慎，因為我們傾向以現代對「位格」的理解，而時代誤置地用在特土良的模式上，讓我們以為父、子和聖靈是擁有一個分開的自我意識，或是獨立存在的個體。在三位一體裏的位格性區分，並不意味著分離或自立。事實上，特土良把聖子(或三位一體的第二位格)描述為聖父的「理性」(*Ratio*)，首先存在於聖父的思維中，然後表達在祂的「言說」(*sermo*)中。[41] 我們在此同時既有區分，也有統一，而不是各自為政或離散的。

特土良在試圖解釋三一論的關係上，有時也會犯錯。例如，他描述聖父是「〔上帝〕的整個實體，而聖子是衍生的或全體的一部分。……」[42] 這類輕率大意的說法，相當容易讓人以為聖子在神性上是稍次於聖父的。此外，我們也難以見到神聖的「實體」怎麼可以分開或分成不同部分，就像是弄馬鈴薯泥一樣。不過，縱使偶有過失，特土良顯然是一個可靠的嚮導，巧妙地避免了三神論和形態論的雙重危機。[43]

5. 尼西亞時期及以後東方教會的關鍵人物

亞流是「正統信仰」在4世紀的主要神學敵手，對於他的觀點，我們只能從他對手的著作中搜集而得。我們認識亞流的思想和立場的主要資料來源，顯然是亞歷山太的主教亞他那修。亞他那修是否總是公正地表述亞流？可能不是。然而，我們不得不大量地依賴亞他那修對亞流的《塔利亞》(*Thalia*) 的摘引。

雖然我們不可能確定亞流的確實用語，但我們可以相信，亞流相當抗拒聖子會分享聖父神性的可能性。俄利根所深受困擾的次位論傾向，深深顯露在亞流中。亞流似乎把聖子的受生視為是一個過程，這是當「內在的道」／「表達的道」(*logos endiathetos/logos prophorikos*) 模式在柏拉圖派手中時的危機。此外，他「所反對的觀念是聖子從聖父而來之中，從祂的實體取走了部分，從而分割了聖父的實體，把祂變小」。[44] 道不可能屬於聖父的實體。相反地，亞流認為，聖子是一個崇高的受造物，凌駕在其他一切事物之上，不過仍然是上帝的一個受造物。例如，亞流寫道：「上帝不會永遠是一個父」、「聖子不會是永遠的」、「上帝的道本身是『從無中造出來的』」、「祂曾經不存在」、「祂在起始之前是不存在的」，以及「祂正如其他事物一樣『有受造的起始』」。[45] 亞流教導說：「上帝是獨一的，而道卻不是，智慧也不是。於是，為了想塑造我們，祂便造了某一位，並稱之為道、智慧和子，以便藉著祂塑造我們。」[46]

亞流堅持，聖子是一個受造的存有，因而孕育了4世紀豐富的基督論神學，並且在邁向它的結論中，極度需要探討聖靈的位格和工作。[47] 亞他那修的釋經和神學，不能離開他一生與亞流主義的爭戰。他的《駁亞流派四論》(*Four*

Discourses Against the Arians）為我們提供了許多例子，說明亞他那修如何閱讀聖經，並且把它的內容應用在一個重要時刻的具體神學難題上。

正如上文所述，亞流派的基督徒拒絕把聖子與聖父等同，把這個拒絕建基在哲學、神學和釋經的理由上。若是只論聖經的問題，亞流派的釋經者認為，許多新約經文相當公然和清楚地談到耶穌的人性。在客西馬尼園中，耶穌經歷了悲痛和恐懼。一個神聖的存有會經歷和流露這些感情和反應嗎？當耶穌在世時，祂所問的是甚麼問題？例如，耶穌似乎承認祂並不知道一切事情何時會「成就」（比較可十三4、32）。因此，聖父的知識似乎顯然比聖子的更大。若是的話，那麼聖父與聖子怎能分享同一的神性？分享神性，必然是分享屬性。假如聖子不知道諸如世界終局何時發生這麼關鍵的事情，那麼祂按照定義而言，就不可能是上帝。

亞他那修對亞流派立場的釋經和神學回應，在《駁亞流派四論》以及他許多著作的背景音樂中發展出來，部分篇章分析了基督的神性與人性之間的關係。亞他那修主張，聖經的「範圍和特性」包含了一個「救主的雙重記述」（double account of the Savior）。亞他那修堅稱，聖經**同時**肯定基督的神性和人性。亞流派的釋經沒有識別出某些聖經經文是特別提到與基督的人性有關的議題、事件或教導，而其他的則是關乎祂作為**上帝**道成肉身的行動。

作為聖子，基督的存在是「聖父的道和光輝並智慧」。在道成肉身中，聖子願意並深情地取了人的肉身，那是源自「一個童女、馬利亞、懷有上帝者，而成為人」。道是「非外在」（not external）於祂所取的人性。相反地，當道成肉身的聖子在世上生活和事奉時，人性與神性同時是在一個不可思議的聯合中作工。當耶穌醫治西門彼得的岳母時，「祂人性地伸出祂的手，卻神性地治癒了病患」。[48] 當祂醫治生來是瞎眼的人時，「在人性是吐出從肉身而來的唾沫，在神性祂卻是藉著泥土開了眼睛」。在使拉撒路復活中，「作為人，祂發出了一個人性的聲音；但作為上帝，祂神性地使拉撒路從死裏復活」。[49] 亞他那修把聖子成為肉身的行動，視為彰顯了祂的人性和神性在祂位格中存在的真實聯合。假如祂悲傷或表達了其他人類的情感，這樣是恰當的。因為「在取了人類的肉身中，上主便取了它的一切，包括它所應有的感情」，儘管亞他那修對於基督的人性「感情」(affections) 觸及祂的神性這觀念，並不感到安心。[50]

325年的尼西亞會議是第一次重要的教會大公會議，在亞他那修的領導下，肯定了聖子的永恆受生(以對抗形態論)。它也說明聖子與聖父「本體相同」(*homoousios*)，或是說有「同一本質」或「存有」(以對抗亞流主義，以及任何論到上帝之內在存有論上是有等級的觀念形式)。「本體相同」的意思，在隨後50年間成為基督教神學爭論的中心。[51]

偉大的三位加帕多家教父(Cappadocian)——大巴西流(330～370年)、拿先斯的貴格利(329～390年)和女撒的貴格利(Gregory of Nyssa，335～394年)，全都是三一論得以在4世紀開花的主要貢獻者。歐諾米派特別讓他們注意，這是一個極端的亞流派，自豪地以為自己有能力在理性上探索上帝本性的深度。歐諾米(Eunomius)及其跟隨者特別喜愛利用三段論(syllogisms)來在表面上證明三一論觀念和公式的前後矛盾。加帕多家教父在講章、信函和論著中，強而有力地作出回應。

拿先斯的貴格利是巴西流的密友和知己，在亞流派熾熱神學爭議的年代中，擔任了一段短暫卻極為重要時期的君士坦丁堡主教。貴格利於4世紀後期在君士坦丁堡任職主教期間，講論了一系列講章，攻擊在該城鬧嚷猖獗的亞流主義。

在這些講章或「演說」中，貴格利把他的注意力集中在強調理性的歐諾米派上。歐諾米派似乎相信「任何人若有少許見識……必然會承認只有一個上帝——聖父。若是斷言在上帝的存有中是有其他的位格區分，那是在胡言亂語。事實上，在歐諾米派思想中，只有甚少空間容許有任何難解或奧秘之處」。[52]

貴格利在他的神學演說中，維護了聖子與聖靈兩者的神性，提出了漸進啟示(progressive revelation)的概念，有助建構三一論思想。貴格利寫道：「舊約公開地宣講聖父，只隱約地傳講聖子。新約啟示了聖子，而且暗示聖靈也是上帝。現在聖靈居住在我們裏面，並且向我們更清楚地啟示出來。」[53]為甚麼要這樣緩慢、啟示的進程？「……當聖父的神性還未被認識時，就公開地宣講聖子，是不恰當的；或是在承認聖子之前，就接納聖靈，是會困擾我們的(若我可以用這麼大膽的說法)。」[54]

巴西流在他為數眾多的信函中，散佈了一些具有意義和洞見的三一論見解。[55]例如，在第189封信函中，巴西流回應了撒伯流派對他及其他三一論神學家「敬拜三個上帝」的指控。巴西流在回應中，鼓勵他的對手翻開聖經，讓它們「在我們之間仲裁，看看哪一方的教義是合乎上帝的話語，朝那一方是肯定得到真理的定論。」

他接著維護聖靈的神性。巴西流提醒他的通信者，聖靈的特性和活動——「美善、神聖和永恆、智慧、公正、至高和大能」——同樣為聖父和聖子所擁有和施行。若然如此，巴西流演繹說，聖靈豈不是必然擁有與聖父和聖子的同一本性？巴西流寫道：「因為所有適用於上帝的概念和用語，每一位均同等享用，因著這一事實，主詞所含有的意義是沒有差異的。」例如，當「美善」用於三位一體的其中一位時，它並非好像被認為只是用在這個對象上。相反地，諸如「美善」、「智慧」、「大能」和「公義」等用語，均用於三個位格或對象。或者，正如巴西流指出的：「不論你用甚麼說法，它們所表明的東西全都是一樣的。」[56]

巴西流在他的論著《論聖靈》(*On the Holy Spirit*) 中，加強了這些觀念，此書集中於聖靈的工作及這工作對其位格的含義，藉此詳述聖靈是上帝的論據。那就是，假如聖靈做了只有上帝才能恰當地做的事情，那麼祂必然是與聖父和聖子分享上帝的本性。在討論聖靈中，巴西流特別地問：「聖靈做了甚麼事？」「從死裏復活是由聖靈的運作所成就的。……祂賜給我們復活的生命，在屬靈生命中更新我們的靈魂。」若然的話，基督徒怎可以「害怕給予聖靈過多的榮耀？我們反而應該擔憂，即使我們把我們所能設想或口舌宣講的至高稱銜歸給祂，我們對祂的觀念仍然可能未達水準。」[57]

簡而言之，三位加帕多家教父全都認為「所有指到上帝的一般性用語(智慧、能力、美善)都是單數的：在上帝裏面只有一個智慧、一個能力、一個美善，而不是三個。」[58] 此外，上帝的意志和行動也是同一的。在此，我們見到一切取材自人類生活的類比，當用於三一性的關係時，最後都會失效。例如，珍和約翰可以有共同的人性，卻是獨立的個人，可以選擇行使他們的意願，與別人不同。他們作為個人的個體性，肯定使他們按照意願自主行動有真正的可能性。上帝卻不是這樣子。雖然上帝的存有是具有父、子和聖靈的「位格的區別」(hypostatic distinctions) 這特徵，三個位格在其意志和行動上卻是一致的。祂們並不是按照現代對「個人」(individual) 的微妙意義而言的獨立自主的位格，各有其意識的「自我」和「中心」。相反地，祂們一直並且總是以一個意志和行動來計劃和行事的。祂們是一個上帝，而不是三個。[59]

然而，福音書敘述耶穌清楚地把祂的意志順服於聖父的記載，又如何解釋？我們可以想起耶穌在客西馬尼園中的掙扎。在經過禱告中的許多掙扎之後，耶穌終於把祂的意志順服於天父。「然而，不要從我的意思，只要從你的意思。」(可十四36) 這豈不是表明有兩個意志，並且據此就可能有兩個上帝了？植根在加帕多家教父思想的東方教會神學，曾經以「神學」(*theologia*，上帝在永恆中之本性的教義，集中於三位一體) 與「經世」(*oikonomia*，英語是 "economy"，集中於道成肉身) 之間的區分，作出回應。[60] 這樣，在道成肉身的經世中，耶穌的人性意志是有別於祂的神聖意志的。在客西馬尼園裏，耶穌在順服中向天父呈獻出祂的意志，而祂的神聖意志仍然是與天父一致的。

同樣地，當耶穌談到天父是「比我更大」時，祂所指的是道成肉身的經世性。當論到聖子的人性時，聖父事實上是比聖子更大。「若沒有在『神學』與『經世』之間的這個〔關鍵的〕區分，我們就會把基督對聖父的順服，解釋為表明即使在祂的神聖存有中，祂是從屬於聖父的——而那會是尼西亞三一論思想的終結。」[61] 再一次，在三位一體中，我們有的是一個上帝，而不是三個。

若然如此，我們就必須相當謹慎地堅持加帕多家教父所強烈肯定「社羣性三位一體」(social Trinity) 的實在，只因我們從人性角度所談的「社羣性」(social) 意思，當論及神聖的位格時就會失效。例如，人際的社羣關係之特徵，是個別的個人或社羣與其他個人或羣體互相交流。這些互動，見於顯著的同意或協調上。在其他時候，則會出現張力和爭論。在三位一體本身裏面，卻並不是這樣。在此沒有爭論或衝突的可能性，因為三者全都有同一的意志和行動。加帕多家教父並沒有強調社羣性的三位一體，他們「把三位一體比做一個由三人組成的社會，正是為了顯示這個比喻因何失效——那是父、子和聖靈為甚麼不是三個上帝的原因」，不同於珍、約翰和喬治三個人分享相同的人性。[62]

女撒的貴格利是巴西流的弟弟，致力於推翻三一論根本是指三神論的普遍誤解。在貴格利的作品〈論「不是三個上帝」，致阿布拉厄斯〉(*On "Not Three Gods." To Ablabius*) 中，貴格利在父、子和聖靈分享神性的基礎上，分析上帝統一性的本質。貴格利辯稱，父、子和聖靈的一個「本體」(*ousia*)，必不會導致三位一體實際上是指三個上帝的結論。假如只是肯定父、子和聖靈有一個共同的本性，並不足以避免三神論，原因至少有兩點：首先，一個共同的本性可以由超過一個的個體所共享。例如，希臘萬神殿的神祇就被相信是分享一個共同的本性，但顯然不是同一個神。[63]人類就分享了一個共同的本性。可是，分享同一本性的瑪麗、喬伊或森姆，就依然是獨特的、有分別的、個體的。

第二，神聖的本性按照定義來說是「……無以名之，難以形容。我們說，每一個名字，不論是由人間習俗所杜撰，或是從聖經流傳下來的，都是在顯示我們對神聖本性的概念，而不是表明那本性本身是甚麼」。[64] 上帝的本性或本質仍然是「沒有限制的」、「無以名之的」、「無法言喻的」、「不能理解的」和「無限的」。以「無限」來說，上帝的本質「不是在某一層面中受限制而在另一層面中不受限制，而是無限，不受一切的限制。故此，不受任何限制，就肯定不會被名稱所限制。」[65] 不過，我們知道我們對上帝本性的理解，不可能取材自人類的本性或異教的眾神，兩者都是「有一個本性，正如說上帝有一個本性，卻仍然把其看作有許多『人』或許多『神』」。[66]

那麼，我們對上帝的任何知識，必然是來自上帝的行事。或用貴格利的話說，人類的理性「只可以理解超然力量的不同行事，並且把談論祂的方式配合於讓我們認識的每一項行事。」[67] 那麼，我們對上帝之神性的理解，並不是指向上帝的本性本身，而是在某一項行事（*energeia*）中所啟示的，這行事是「源自上帝的本性，因而把超越理解的上帝彰顯了出來。上帝的行事，由於它們是來自神聖的本性，並使它彰顯，我們由此能夠推論出三個神聖位格是自然合一的，因為我們看到這三個位格全都在做著相同自然的行事。」[68]

上帝已經在祂的行事中，恩慈地選擇向我們啟示祂自己是父、子和聖靈。換言之，三位一體的位格是在經世和不可分割的方式中，向我們啟示了上帝。我們對上帝的稱謂，是來自上帝的行事。「⋯⋯當我們理解到在我們之上的力量的不同行事時，我們就從讓我們所知的幾項行事中，調校我們的稱謂。」[69] 這並不是神聖本性的情況。我們並沒有得悉上帝的神聖本質「是聖父自行作事而沒有聖子在其中一同作工，或是聖子沒有一同作工，或是聖子進行任何沒有聖靈參與的獨立行事。」[70] 相反地，「每一項由上帝觸及受造物的行事，以及根據我們對其不同的概念而命名，都是源自聖靈的」。[71] 韋施希（Wesche）的評論很有幫助：

> 那不是三個互不相干的參與者，各自心懷詭計對付別人，以實現自己的事情，正如我們在奧林匹斯山上的萬神殿所見的；也不是獨立行事的三個人所共同合作的工作，例如，情況就像幾個人類的演說家，或農夫，或鞋匠，每人都在做同一的行動，卻是互相獨立的。那是一個自然的行事，全由三個位格完成的，這三個位格各以自己的方式行事，但又自然地與他者聯合在一起。因此，那是目的、旨意和知識上的一致；聖子知道聖父在做甚麼，因為祂的行動就是聖父的行動，也就是聖靈所完成的行動。[72]

在女撒的貴格利之後大約三個世紀，大馬士革的約翰（John of Damascus，約650〔或675〕～約749年）把他自己的三一論反省加進教會的寶庫中，尤其是關於聖靈在三位一體中的角色。卡理指出，約翰的《正統信仰闡詳》（*Exact Exposition of the Orthodox Faith*），尤其是第1篇的第5至8章，更是「希臘三一論教義最廣泛的簡略（15頁）陳述」。[73] 約翰的三一論思想之豐富，難以在一小段篇幅中概括。在芸芸貢獻之中，約翰的作品說明了教會對聖靈的理解在尼西亞會議（325年）和君士坦丁堡會議（381年）之後，如何邁向成熟。聖靈在〈尼西亞信經〉中幾乎只是一個註腳，約翰卻相當豐富地撰論聖靈的位格和工作。

聖靈是「主，是賜生命者，……自父出來而住在子中。」聖靈是「同聖父及聖子一樣受尊崇、一樣受讚頌，因為祂與聖父及聖子是共同本質的，共同永恆的，……有權柄的，祂是智慧、生命和聖潔的泉源。」聖靈是「支配一切的，影響一切的，全能的，具無限的能力，是天地萬物的主，不在任何主之下」，祂是施與聖化而不被「聖化」，充滿而非「被充滿」，使人成聖而無須「被成聖」。作為「代求者」，聖靈「接受萬眾的祈求，祂在凡事上與聖父和聖子皆相似；從聖父出來而藉著聖子交通。」聖靈擁有本身的「自存性，保持其固有而獨特的自存性，但與聖父和聖子是不可相離的，不可分割的；除了祂不是受生或生出的以外，祂有聖父及聖子所有的一切特質。」[74]

6. 拉丁教會的重要成就

安波羅修(Ambrose)是4世紀末的米蘭主教，為我們留下了一部重要的三一論作品。他的《論基督徒信仰》(*On the Christian Faith*)和《論聖靈》(*On the Holy Spirit*)都是理解拉丁教會對三一論的強調和關注所不可忽略的著作，兩書有時會合成一部稱為《論三位一體》(*De Trinitate*)的作品。

在《論聖靈》中，安波羅修觀察到，「上帝的顯著榮耀」有四個主要「記號」的特徵。上帝是「沒有罪過的」、「赦免罪過的」、「不是受造物而是造物主」，以及「不是獻上敬拜而是接受敬拜的」。[75] 安波羅修然後辯稱，倘若這四個記號把上帝從一切受造物區別出來，而且假如聖靈是有這四個記號的特徵，那麼聖靈必然是上帝。例如，安波羅修相信諸如約伯記三十三章4節(「上帝的靈造我」)等經文，指出聖靈是創造者，因而即是上帝。安波羅修寫道：「因此，讓他們要麼說，那被創造的東西是沒有聖父、聖子和聖靈，要麼讓他們承認，聖靈也是與聖父和聖子一樣屬於獨一上帝。」[76]

《論基督徒信仰》更直接代表了安波羅修對三位一體的維護，對抗不同的敵手，以及處理了一些關鍵的主題和問題，包括：亞流主義、聖父與聖子之間合一的性質、聖子的神性、基督的永恆性、神聖受生的本性、聖子的不同名稱、聖子的美善、聖子的全能，以及道成肉身的目的。

在《論基督徒信仰》通篇中，安波羅修解釋了一些聖經經文，尤其集中於亞流用來論證聖子是崇高的受造物而非上帝的經文。安波羅修在三一論信仰的摘要中，肯定了「上帝是一，既不是祂的聖子從祂分離出去，正如異教徒的說法，也不是像猶太人般否認祂是在一切世界之先由聖父受生的。……」[77] 安波羅修否定了撒伯流的立場，後者認為在上帝的獨一本性中並不存在位格性的區別。安波羅修警告他的讀者，絕不可以混淆「聖父與道，而」主張「聖父和聖子是同一個位格」。聖子也不是在「童女的母腹」中才首次「存在」的，這是佛提努斯 (Photinus) 所提倡的立場。至於亞流，關於其崇高的受造物的觀念，難免會導致有許多神明的信念。「上帝是一」，安波羅修寫道，而且上帝的名稱也是一樣的。「基督事實上是親自說：『你們要去，……奉父、子、聖靈的名給他們施洗。』[78] 注意，所奉的是**單數的名**，而不是複數的名。」[79]

波提亞的希拉流 (Hilary of Poitiers, 約315～約367年) 有銳利的神學洞見，以及巨大的個人勇氣與正直。就像其他維護道成肉身的聖子之神性的教父一樣，希拉流因羅馬皇帝君士坦提烏斯二世(Constantius II)的政治報復而受苦。君士坦提烏斯同情亞流的立場，把希拉流從波提亞的西方主教轄區流放至東方。要注意的是，希拉流是在東方的基督教世界中(更具體的是指弗呂家〔Phrygia〕)首次接觸到尼西亞的公式語「本體相同」(*homoousion*)，那是在325年已經公佈的。然後，隨著撰寫《論三位一體》(*De Trinitate*)，希拉流的三一論觀念在東方完全邁向成熟。

麥克納(Stephen McKenna)指出，希拉流的《論三位一體》是西方拉丁神學家對三位一體的課題最早期完全成熟的論著。麥克納視希拉流為一個「先鋒」，他「杜撰了許多新詞，以便準確地表達他的思想。由他創造的新詞有 *abscissio*、*innascibilitas*、*ininitiabilis*、*supercreo* 和 *consubsisto*。他也為現存的字詞賦予了新的意思，例如 *sacramentum*、*dispensatio* 和 *substitutio*。」[80]

以後的拉丁神學家，其中有奧古斯丁、利奧(Leo)和阿奎那(Thomas Aquinas)，都推崇希拉流的論著，而且他們都是參考了它。麥克納評論說，阿奎那「當要解決三位一體的爭論時，經常都會訴諸於它」。此外，希拉流是第一個「讓西方的羅馬帝國學者注意到東方的廣大神學財富」。[81]

不幸地，本書的篇幅有限，讓我們只能略述希拉流的思想，在此探討的是他對約翰福音的默想。希拉流在默想約翰福音的序言(約一1～14)時指出，他那「畏懼和焦慮的心靈找到比預期更大的盼望」。當希拉流閱讀時，他「得到聖父的知識。它〔他的心靈〕以往是從自然理性中相信永恆、無限，以及它的創造者的形式，如今卻恰當地承認了獨生的上帝。」

這段序言也清楚表明，三神論不是基督教羣體對三位一體的信念。「它不是相信許多神明，因為它是從上帝聆聽到上帝，也不是接受在上帝與上帝的本性之間有分別，因為它是從那滿有恩典和真理的上帝而曉得上帝。……」[82]

可能有一個「較早和一個較遲的從上帝而來的上帝」嗎？這樣的說法是不可能的，因為「上帝是在太初與上帝同在的」。至於聖子的道成肉身，「為了讓上帝成為肉身的道（the incarnate Word of God）不會變成上帝聖道（God the Word）以外的任何東西，或我們肉身的肉身（flesh of our flesh）以外的任何東西，祂就住在我們中間，好讓祂居住之時，祂仍然是上帝而不是別的東西」。但當是上帝時，「上帝成為我們肉身的肉身，而不是別的東西。祂藉著謙卑自己，取了我們的肉身，祂沒有失去祂自己的本性，因為作為聖父的獨生子，祂是滿有恩典和真理；祂在祂自己裏面是完美的，而在我們中間是真實的。」[83]

在寥寥數行中，希拉流處理了一直是教會三一論反省和信經公式的核心主題：三個神，或是一個上帝？聖子的受生是處於時間中的一次受生嗎？聖子的受生對我們有何意思？上帝從上帝的這受生，與時間有何關係？道成肉身的道與道成肉身前的道有何關係？道成肉身的道仍然是上帝嗎？若然，道真的成了人嗎？人是指甚麼意思？道只是取了一個人的身軀，抑或也取了人的思維和意志？

希拉流教導說，道成肉身的是三位一體的第二位格，而不是神格（Godhead）本身。這是對的。正如奧登（Thomas Oden）所說，假如一個不存差別（undifferentiated）的上帝成為人，「**假如上帝只是一個位格**，那就不可以宣稱，上帝既差遣也受差遣、上帝既賜予律法也順服律法、上帝既作出贖罪也接受它、上帝既拒絕罪也為它犧牲了。」[84]

聖子的虛己（*kenosis*），彰顯了三位一體的韻律和道成肉身的榮耀。在希拉流的釋經中，對保羅在腓立比書二章7節中的用語有「最優秀的分析」（至少在奧登的判斷中）。希拉流寫道：「形式的倒空並不是本性的破壞，因為倒空了自己的祂，並非在祂自己的本性中有甚麼缺乏，而祂接受時，祂仍是祂自己。」事實上，這是奧秘，「因為祂倒空了祂自己，並且接受了祂自己，卻沒有出現毀壞，以致當祂倒空了祂自己時，祂不再存在，或是當祂接受時，並不存在。因此，倒空是為了讓一個奴僕的形式出現」，不過基督作為上帝是繼續存在的。「因為只有基督是接受了一個奴僕的形式」，這是甚麼意思？[85]

奧古斯丁是最偉大的西方教父，對教會的三一論思想作出了獨特的貢獻，尤其是在西方。馬什（Thomas Marsh）把奧古斯丁在他的經典著作《論三位一體》中的目的概括成四方面：一、「説明和解釋」教會對三位一體的「基本」教義；二、證明教會所教導的三位一體教義是穩固地建基在聖經上；三、「提出人類語言和邏輯的獨特規則」，那是假如教會要「正確地」談論三一上帝所「必須注意的」；四、「試圖發現我們眼前認識的受造物的至高形式、人類的心思或心靈、它的源頭和創造者的三一上帝的痕跡」。[86]

奧古斯丁思想的某些詮釋者，例如馬什和根頓（Colin Gunton），相信奧古斯丁是錯誤地把他對三位一體的思想建基在神聖實體的統一性上。例如，馬什相信，奧古斯丁已經丟棄了早期拉丁傳統「神聖統治（divine monarchy）的強烈意識——獨一上帝首要的是聖父」，代之而理解成「獨一上帝是指神聖的實體或性質在**那時**（then）在父、子和聖靈中證明出來」。[87] 馬什聲稱，不幸的結果是奧古斯丁最後去掉了「在傳統三者一組（Triad）的理解中佔中心位置的**排列**（taxis）或秩序的概念」。由於「這樣做，〔奧古斯丁〕把實體和位格的概念分開了……他對前者賦予優先性，而不知不覺地引進了一個上帝的**非位格性**（impersonal）概念。」[88]

根頓作出了類似的批評，他寫道，奧古斯丁「若不是不明白他的前人（不論東西方教會）的三一論神學，就是在閱讀他們的作品時，佩帶了濃烈的新柏拉圖主義假設的有色眼鏡，以致它們扭曲了他的作品。」[89] 在根頓的詮釋中，加帕多家教父建基於上帝的存有論，是更有智慧地理解父、子和聖靈之間的關係。那就是，神聖存有本身，在存有論上是關係性的（ontologically relational；「存有論」或譯「本體論」）。在位格的關係（hypostatic relations）的背後、之前或之下，並沒有神聖的實體或本質。「對祂們來說，三個位格之所是，就是在祂們的關係中，因此，就祂們是甚麼而論，關係是在存有論上限定了祂們的。」[90]

根頓相信，奧古斯丁的錯誤是在於視「關係為一個邏輯性的，而不是一個存有論的謂詞（ontological predicate）。……」[91] 令人遺憾的結果是「他妨礙了有可能論到特定（particular）位格的存有，因為祂們缺乏可區別的身分，容易消失在上帝無所不包的一性（oneness）中。」[92] 根頓認為，奧古斯丁對三位一體的類比，不難可以追溯至「柏拉圖式的哲學，多過是三位一體的經世，而且……結果是……出現這看法：認為三個位格是由一個未知的實體**支持著**（supporting），而不是由祂們的關係**所構成**（being constituted）的」。[93]

有其他學者不相信馬什和根頓這樣對奧古斯丁的解釋。例如，卡理談到學術界的錯誤傾向時指出：「當一個學者承襲別人時，有時會重覆一個錯誤的觀點，根本沒有仔細地閱讀原典。」卡理相信：「在三一論教義的歷史中，有兩個這樣的誤解：一、加帕多家教父有一個社羣性的三一論，以及二、奧古斯丁（相對於加帕多家教父）是『始於』神聖本質的統一性，而不是三個位格的區分性」。[94] 從卡理看來，這「根本不是奧古斯丁對三一論探索之概況的準確描述。」有趣的是，卡理提到奧古斯丁的《論三位一體》的段落，正是馬什所批評的部分。[95]

卡理正好與馬什和根頓相反，他認為奧古斯丁實際上是建基在加帕多家教父的立場上，而不是忽略或拋棄了它。「奧古斯丁是始於加帕多家教父所止步之處：接受他們對『為甚麼不是三個上帝？』這問題的答案，並且繼續詢問：『究竟是三個**甚麼**？』他所關注的，在於祂們是一個上帝的假定上，詳細闡述三者之間的區分。奧古斯丁從來沒有以神聖本質作為他的起始點。」[96]

在本書的簡短篇幅中，我們只能提到當代對奧古斯丁與三位一體的爭論。不過，有關爭論的公平而有智慧的解答，肯定是取決於整全地建基在奧古斯丁的三一論思想上，那是在《論三位一體》中充分說明的，不過也見於他許多其他神學論著和講章中。[97]

卡理指出，三一論神學有七個基本的命題。事實上，卡理認為，這七個命題說明，三一論的語言是可以不用「抽象或非聖經的用語」來概述的。[98] 前三個命題是「認信三位一體上帝的名稱」。那就是：一、聖父是上帝。二、聖子是上帝。三、聖靈是上帝。另三個命題是「表明這些不只是同一事物的三個名稱。……」四、聖父不是聖子。五、聖子不是聖靈。六、聖靈不是聖父。最後，卡理提出「最關鍵的論點，讓這教義有其獨特的邏輯」：七、只有一位上帝。「上述七個命題，足以系統地闡述三位一體的教義——賦予這教義內容的骨骼，設定了它的基本邏輯結構。這教義的邏輯特質，是來自這七個前設的互動影響。」[99]

奧古斯丁親自寫道，那「是父、子和聖靈——祂們各自是上帝，而祂們全部一起是一個上帝；祂們各自是一個完全的實體，而祂們全部一起是一個實體。」[100] 然後，他清楚地在三個位格之間作出區分，同時肯定祂們「有相同的永恆本性、相同的不變性、相同的尊榮、相同的能力」。或許讓人意外的是，在近代辯論的亮光中，奧古斯丁不是把眾位格的統一性設定在神聖的本質中，而是在聖父裏。「在聖父中，那是統一的。……而三者因著聖父全都是一，因著聖子全都相等，因著聖靈全都和諧。」[101]

在奧古斯丁的一系列講章：〈論聖馬太福音之言，三章13節：『當下耶穌從加利利來到約旦河，見了約翰，要受他的洗。』關於三位一體〉的第二篇中，我們見到奧古斯丁自己對他較長篇著作《論三位一體》(*The Trinity* 或 *On the Trinity*)的摘要。這是探討奧古斯丁的三一論思想背後原則的好開始。在這篇講章中，他列出了一些要討論的重要問題：

> 一、聖父到底會否離開聖子行事？或聖子離開聖父行事？奧古斯丁的答案是否定的。從奧古斯丁堅持聖父與聖子之工作的不可分離性質，另一個關鍵問題就出現了。
>
> 二、假如聖父沒有做過任何離開聖子的事情，反之亦然，那麼聖父是「從童貞女馬利亞所生」嗎？祂是在本丟彼拉多手下受難嗎？祂是從死裏復活，升到天上嗎？奧古斯丁的回答是「不」，

慎防聖父受苦論的異端思想。第三個問題很快就出現了。

三、假如聖父與聖子的工作不是完全相同的，那麼我們說祂們是不可分開的，意思是甚麼？奧古斯丁答道：「聖子是從童貞女馬利亞所生，聖父不是；不過聖子（不是聖父）的出生，正是聖父和聖子兩者的工作。聖父沒有從死裏復活，聖子則有，不過聖子的復活，卻是聖父和聖子的工作。」[102]

奧古斯丁正確地堅持，所有三一論神學必然是源自一個從謙卑中培養出來的心靈和思維。三一論的反省，只能在一個認識到所探究的是何等深邃之事，以及我們在上帝面前有何位置的人裏面開花結果。人只可以從屈膝中，才能安全地談論上帝。奧古斯丁勸勉我們「謹記我們是誰，以及我們所談論的是誰。讓這與那，或任何屬於上帝本性之事，均以敬虔的信心來信奉，懷著神聖的尊重。……那不是這樣的本性能夠提升進人的心靈，而是人的心靈本身必須提升至它。」[103]

事實上，人怎樣才可以適當地談論上帝？這個論題太過崇高了。「因為假如你已經可以理解你所說的是甚麼，那就不是上帝；假如你已經能夠理解它，你所理解的是某些代替了上帝的其他東西。假如你已經能夠理解祂，正如你所想像的，因著這樣的想法，你已經欺騙了你自己。」[104]

那麼，我們可以怎樣做？奧古斯丁勸告他的讀者，在一個較可得到的、卑微的層面上，尋找一個類比，這是在上帝的受造物中間的一個「肖像」(resemblance)。「你是在談論無比尊榮的三位一體，因著你是沒法思忖上帝的本性，並且隨著謙卑地承認你的軟弱，你是回到人的本性；你要在那裏探討問題。」[105]

怎樣才可如此？要藉著緊記，人的本性是在上帝的形像中被造的。「因著上帝是按照祂自己的形像造人。那麼在你本身的自我中尋找，彷彿三位一體的形像偶爾帶有不只幾分三位一體的痕跡。那麼，這形像是甚麼？」[106] 奧古斯丁把他的讀者引向人的思維，即「內在的人」(inner man)。在人的思維中，是否有跡象，上帝的足跡，可以引領我們較清楚地認識父、子和聖靈的實在？

在奧古斯丁著名的構思中，他集中於記憶(memory)、理解(understanding)和意志(will)。記憶存留著，但只是藉著理解的運作和意志要這樣做的意圖而可以如此。奧古斯丁寫道：「記憶只是那三者之一的名稱，但三者是全都一致贊成在三者中的這獨一的名稱。『記憶』一字不能被表述，但藉著意志、理解和記憶的運作方才可以。」然後，「『理解』一字不能被表述，但藉著記憶、意志和理解的運作方才可以。」同樣地，「『意志』一字不能被表述，但藉著記憶、理解和意志的運作方才可以」。[107] 不過，「記憶」一字在其本身及由其本身只能是指到它自己，情況同樣也適用於「理解」和「意志」。

奧古斯丁克制地沒有試圖以三位一體的某一位格來等同於記憶、理解或意志，提醒我們「讓某些東西留待沉思和靜默」。反而，「相信父、子和聖靈可以分別顯現，藉著某些可見的象徵、藉著某些從受造物借來的形式，而祂們的運作仍然是不能分開的」。

記憶、意志和理解似乎正是以這樣的方式運作。然而，要慎防想到這些類比「有任何性質是等同於神聖的三位一體，使其相符於一個類比；即是指某類準確規範的對照。」[108]「我們可以知道在我們裏面的是甚麼，可是在造你的祂裏面是甚麼，不管那是甚麼，你又怎麼可能會知道？即使你將會有能力，但你還是未有能力的。而且即使是當你將會有能力之時，你會有能力正如上帝認識自己一樣的認識祂嗎？」[109]

奧古斯丁思維的敏銳和靈活，在他努力解決三一論奧秘中證明出來，這已經由他古往今來的朋友和敵人所承認。然而，對於奧古斯丁來說，正如所有教父一樣，屬靈的洞見和生命的聖潔是息息相關的。神學同時是在思維和心靈中實踐的；一個不健全的生命，會導致一套不健全的神學。教父相信，反過來說也是真的；一個充滿基督臨在的生命，肯定會影響思維的生命，以及才智非凡者良好地和謙卑地思考的能力。若要明白和好好解釋神聖的事情，那麼就要有神聖的品格。

在論及聖父與聖子的關係中，奧古斯丁評論說：「看見這個偉大的奧秘，**我們的為人必然要被塑造，以致可以理解它**。因為對於不配者，它會封閉起來；它會向那些適合它的人開放。」尋找真理，是為了那些追求上主，以他們的生命叩門的人。「**以生命叩門，就會為那生命開門。**尋找是要以心靈的，求問是要以心靈的，叩門是要以心靈的，開門是對著心靈的」(強調之處由作者所加)。[110]

隨著奧古斯丁及其他教父的貢獻者，我們必須承認我們要依靠三位一體——上帝——向我們啟示祂自己。隨著我們繼續研究，我們也要繼續尋求上帝對我們謙卑的心靈和思維的啟示。

註釋：

1 關於以下取材自使徒教父作品的一切摘引，參 *The Apostolic Fathers,* second edition, trans. J. B. Lightfoot and J. R. Harmer, edited and revised by Michael W. Holmes (Grand Rapids: Baker Book House, 1989).

2 參 Edward J. Fortman, *The Triune God: A Historical Study of the Doctrine of the Trinity* (Philadelphia: Westminster, 1972), p. 38.

3 參 Gerald O'Collins, S.J., *The Tripersonal God: Understanding and Interpreting the Trinity* (New York: Paulist Press, 1999), pp. 85～103.

4 我們發現歐柯林對游斯丁的討論十分有用。參 O'Collins, *The Tripersonal God,* pp. 87～96.

5 參 O'Collins, *The Tripersonal God,* p. 90.

6 Justin Martyr, *Dialogue,* 128；摘引自 O'Collins, *The Tripersonal God,* p. 89.

7 O'Collins, *The Tripersonal God,* p. 89.

8 O'Collins, *The Tripersonal God,* p. 89.

9 O'Collins, *The Tripersonal God,* p. 90.

10 Russell Bradner Norris, Jr., "Logos Christology as Cosmological Paradigm," *Pro Ecclesia* 5, no. 2, p. 191.

11 Norris, "Logos Christology," p. 191.

12 Justin Martyr, *First Apology,* 6；摘引自 O'Collins, The *Tripersonal God,* p. 95.

13 Clement of Alexandria, *The Instructor,* ANF, vol. 2 (Peabody, Mass.: Hendrickson, 1994), p. 295.

14 Clement of Alexandria, "Who Is the Rich Man That Shall Be Saved?", ANF, vol. 2 (Peabody, Mass.: Hendrickson, 1994), para. 34, p. 601.

15 Clement of Alexandria, *Stromata,* ANF, vol. 2, book 7, p. 524.《雜記》首三卷的一部近期譯本是 Clement of Alexandria, *Stromateis,* Fathers of the Church, vol. 85, trans. John Ferguson (Washington, D.C.: Catholic University of America Press, 1991).

16 參 Origen, *On First Principles,* ANF, vol. 4 (Peabody, Mass.: Hendrickson, 1994). 讀者應該特別參考俄利根的序言，第4段；卷1，第1～3章（第1章「論上帝」，第2章「論基督」，第3章「論聖靈」）；卷2，第4章（「論舊約的上帝的身分和耶穌基督的父」），第6章（「論基督的道成肉身」），和第7章（「論聖靈」）。另參俄利根在卷4：「關於父、子和聖靈」中的總結，ANF, vol. 4, pp. 376～382.

17 Origen, *On First Principles,* ANF, vol. 4, book 4, chapter 28, pp. 376～377.

18 Origen, *Comm. In Joannem,* 1.27；摘引自 *The Early Christian Fathers,* ed. and trans. Henry Bettenson (Oxford University Press, 1956), p. 322.

19 Origen, *De Principiis,* 4.35；摘引自 *The Early Christian Fathers,* p. 322.

20 *The Early Christian Fathers,* p. 322.

21 Origen, *Comm. In Joannem* 13.25；摘引自 *The Early Christian Fathers,* p. 322.

22 Phillip Cary, "Historical Perspectives on Trinitarian Doctrine," *Religious and Theological Studies Fellowship Bulletin* (November-December 1995): 2～3.

23 Origen, *In Ioannem Fragmenta,* 37；摘引自 *The Early Christian Fathers,* p. 313.

24 Origen, *De Principiis,* 1.3.3；摘引自 *The Early Christian Fathers,* p. 315.

25 讀者可以發現，俄利根對克理索(Celsus)的回應十分有趣。克理索強烈批評基督教，他相信基督徒不只敬拜上帝，也敬拜受造之物，那是指上帝的「僕人」。俄利根的回應有點冒失，他寫道，聖子是「次於」聖父的，同時也寫道，聖父和聖子是基督教教會所敬拜的「兩個位格」(two persons)。參 Origen, *Against Celsus,* ANF, vol. 4, book 8, chapters 12～15.

26 Irenaeus, *Against Heresies,* ANF, vol. 1 (Peabody, Mass.: Hendrickson, 1994), book 2.25.3～4, p. 397.

27 Irenaeus, *Against Heresies,* book 3.25.3；摘引自 O'Collins, *The Tripersonal God,* p. 97.

28 O'Collins, *The Tripersonal God,* p. 97.

29 參 O'Collins, *The Tripersonal God,* pp. 98～99.

30 O'Collins, *The Tripersonal God,* p. 99. 歐柯林解釋，在此我們再次見到「內在的道」(*logos endiathetos*，「散發」自思維的內在言詞)和「表達的道」(*logos prophorikos*，在人類說話中的外在言詞)的概念。

31 參 O'Collins, *The Tripersonal God,* p. 99.

32 Irenaeus, *Against Heresies,* book 4.20.1；摘引自 O'Collins, *The Tripersonal God,* p. 99.

33 關於愛任紐論聖靈，參 *Against Heresies,* ANF, vol. 1, 1.10.1, 3.17.2, 3.18.3, 3.24.1, 3.9.2～3, 4.20.3～4, 5.1.2, 5.12.2, 5.13.4, 5.18.2, 5.36.2, 5.8.1, 5.9.1.

34 Irenaeus, *Against Heresies,* book 4.20.3；摘引自 O'Collins, *The Tripersonal God,* p.101.

35 O'Collins, *The Tripersonal God,* p. 101.

36 Irenaeus, *Against Heresies,* book 4.20.4, 6；摘引自 O'Collins, *The Tripersonal God,* p. 102. 由於《駁異端》的篇幅長度和混亂特性，以下列出討論基督論和三一論的章節，可能有助：book 2.28.6, 2.30.9, 3.6.1, 3.9.3, 3.10.2, 4.1～2, 4.5～7, 4.20, 5.17～18, 5.21。例如，在 book 3.19 中，愛任紐寫道：「耶穌基督不只是一個人……而正是上帝。」愛任紐在《駁異端》中的基督論，可以在下書中得到補充：*Fragments from the Lost Writings of Irenaeus,* 52～54, ANF, vol. 1, pp. 576～577. 這些殘篇所述的，大部分是基督論，清楚代表了愛任紐的一貫主張，即聖父與聖子是同一上帝，而不是兩個，並且肯定不是一系列「愛安」(aeons) 或天使之一——這是諾斯底派常見的看法。

37 O'Collins, *The Tripersonal God,* p. 105. 我們發現，歐柯林對特土良三一論的概述相當有用。

38 O'Collins, *The Tripersonal God,* p. 104.

39 O'Collins, *The Tripersonal God,* p. 105.

40 Tertullian, *Against Praxeas,* 8；摘引自 O'Collins, *The Tripersonal God,* p. 106.

41 Tertullian, *Against Praxeas,* 5；摘引自 O'Collins, *The Tripersonal God,* p. 107.

42 Tertullian, *Against Praxeas,* 9；摘引自 O'Collins, *The Tripersonal God,* p. 107.

43 歐柯林也注意到，特土良就像許多其他教父一樣，把道等同於箴言八章擬人化的智慧。歐柯林評論說：「特土良把道／聖子等同於上帝的智慧，符合教父作家之間的廣泛共識，不過任何字面上說上帝真的『**創造了**祂的道』的版本，未來都沒有出現於主流的三一論教導，即建基於尼西亞的永恆『受生』(begotten) 而不是在某點上意為『被造』(made/created)」(*The Tripersonal God,* p. 108)。關於特土良對教會論及父、子和聖靈的信仰準則的教導，有用的概述可參 *Against Praxeas,* ANF, vol. 3 (Peabody, Mass.: Hendrickson, 1994), chapter 2, p. 598. 另參 Tertullian, *Apology,* ANF, vol. 3.《護教書》(*Apology*) 的第21章記載了特土良說明三一關係的一個出色例子：「即使當光線是由太陽放射出來時，它仍然是母體的一部分；太陽仍然是在光線之中，因為那是太陽的光線——實體並沒有分割，只是一種延伸。同樣地，基督是靈的靈，上帝的上帝，正如光的光被燃亮」(頁34)。太陽和光線的隱喻，將會繼續成為教父喜愛用來說明聖父與聖子之關係的一個例證(參 Tertullian, *Against Marcion,* ANF, vol. 3, book 2, chapter 27)。讀者若是對特土良如何理解和解釋上帝的統一性感到興趣，應參 *Against Marcion,* book 1, chapters 3～7, pp. 273～276. 關於基督論的課題，參 Tertullian, *On the Flesh of Christ,* ANF, vol. 3, chapter 18. 例如，在這段文字中，特土良提出了耶穌究竟是否擁有一個真正人類身軀的問題。

44 Cary, "Historical Perspectives on Trinitarian Doctrine," p. 3.

45 Athanasius, *Four Discourses Against the Arians,* NPNF Second Series, vol. 4 (Peabody, Mass.: Hendrickson, 1994), pp. 308～309.

46 Athanasius, *Four Discourses Against the Arians,* pp. 308～309.

47 關於亞他那修其他直接引述亞流的《塔利亞》的地方，參 Athanasius, *Four Discourses Against the Arians,* Discourse 1, chapter 2.

48 Athanasius, *Four Discourses Against the Arians,* p. 411.

49 Athanasius, *Four Discourses Against the Arians,* p. 411.

50 Athanasius, *Four Discourses Against the Arians,* p. 411.

51 卡理提到，尼西亞式的「本體相同」永不**應該**以唯物主義者的意思來解釋，彷彿聖父和聖子是分享同一的神聖「素材」，祂們由此被造。「那會使神聖的實體或 *ousia* 變成是某類材料，聖父和聖子由此被造——就像由黃金造出的兩隻戒指一般。在此情況中，亞流反對神聖的實體被分開，聖父因著生出聖子而變少了，就可能是正確的。不只那樣，神聖的實體或 *ousia* 可以是某些有別於聖父和聖子的東西，某些建構祂們兩者的東西，而且比祂們更為根本——正如黃金是在戒指之前存在，戒指是由它造出，而且它可以一直存在，即使戒指被熔化毀壞了。總括來說，上帝的 *ousia* 不可能是在父、子和聖靈的背後、下面或之前的第四樣東西。」("Historical Perspectives on Trinitarian Doctrine," p. 4)

52 Christopher A. Hall, *Reading Scripture with the Church Fathers* (Downers Grove: InterVarsity Press, 1998), p. 69.

53 Gregory of Nazianzus, "The Fifth Theological Oration - On the Spirit," in *Christology of the Later Fathers,* ed. Edward R. Hardy (Philadelphia: Westminster Press, 1954), p. 207.

54 Gregory of Nazianzus, "The Fifth Theological Oration," p. 207.

55 特別參第8、38、52、125、189、214和236封信函，載 Saint Basil, *Letters,* trans. Roy J. DeFerrari (Cambridge, Mass.: Harvard University Press, 1986).

56 Saint Basil, *Letters,* letter 189, p. 59.

57 Basil the Great, *On the Holy Spirit,* trans. David Anderson (Crestwood, N.Y.: St. Vladimir's Press, 1980), pp. 76～78.

58 Cary, "Historical Perspectives on Trinitarian Doctrine," p. 4.

59 卡理評論説：「……上帝的三個位格不是按照現代言詞的意思——因為三個獨立的位格，若有三個獨立的思維、意志和意識的中心，肯定就是指三個上帝(正如加帕多家教父所説的)」(頁5)。

60 Cary, "Historical Perspectives on Trinitarian Doctrine," p. 8.

61 Cary, "Historical Perspectives on Trinitarian Doctrine," p. 8.

62 Cary, "Historical Perspectives on Trinitarian Doctrine," p. 6.

63 我們受惠於下文對貴格利的論證相當有用的詮釋，參 Kenneth Paul Wesche, "The Triadological Shaping of Latin and Greek Christology, Part II: The Greek Tradition," *Pro Ecclesia* 2, no. 1, pp. 85～89.

64 Gregory of Nyssa, *Quod Non Sint Tres Dii*, PG 45, col. 121 AB；摘引自 Wesche, "The Triadological Shaping of Latin and Greek Christology," p. 87.

65 Gregory of Nyssa, *On "Not Three Gods." To Ablabius,* NPNF Second Series, vol. 5 (Peabody, Mass.: Hendrickson, 1994), p. 335.

66 Wesche, "The Triadological Shaping of Latin and Greek Christology," p. 87.

67 Gregory of Nyssa, *Quod Non Sint Tres Dii*, in *On "Not Three Gods,"* col. 121C；摘引自 Wesche, p. 87.

68 Wesche, "The Triadological Shaping of Latin and Greek Christology," p. 87.

69 Gregory of Nyssa, *On "Not Three Gods,"* p. 333.

70 Gregory of Nyssa, *On "Not Three Gods,"* p. 334.

71 Gregory of Nyssa, *On "Not Three Gods,"* p. 334.

72 Wesche, "The Triadological Shaping of Latin and Greek Christology," p. 88.

73 Phillip Cary, "The Logic of Trinitarian Doctrine," *Religious and Theological Studies Fellowship Bulletin* (September/October 1995): 7；參 John of Damascus, *Exposition of the Orthodox Faith,* NPNF Second Series, vol. 9.

74 John of Damascus, *Exposition of the Orthodox Faith,* chapter 8, p. 9.

75 Ambrose, *On the Holy Spirit,* NPNF Second Series, vol. 10 (Peabody, Mass.: Hendrickson, 1994), book 3, chapter 18, p. 154.

76 Ambrose, *On the Holy Spirit,* book 3, chapter 18, para. 140, p. 155.

77 Ambrose, *On the Christian Faith,* NPNF Second Series, vol. 10, book 1, chapter 1, para. 6, p. 202.

78 太二十八19。

79 Ambrose, *On the Christian Faith,* book 1, chapter 1, paragraphs 6 and 8, pp. 202～203.

80 Stephen McKenna, "Introduction," Hilary of Poitiers, *On the Trinity,* Fathers of the Church, vol. 25 (Washington, D.C.: Catholic University of America Press, 1954), p. xiii.

81 McKenna, "Introduction," Hilary of Poitiers, *On the Trinity,* p. xv.

82 Hilary of Poitiers, *On the Trinity,* chapter 1, p. 12.

83 Hilary of Poitiers, *On the Trinity,* p. 12.

84 Thomas Oden, *The Word of Life* (San Francisco: Harper & Row, 1989), p. 77；參 Hilary of Poitiers, *The Trinity,* NPNF Second Series, vol. 9 (Peabody, Mass.: Hendrickson, 1994), 9.38～42, pp. 167～170.

85 Hilary of Poitiers, *On the Trinity,* 9.44, pp.334～335；摘引自 Oden, *The Word of Life,* p. 80.

86 Thomas Marsh, *The Triune God: A Biblical, Historical, and Theological Study* (Mystic, Conn.: Twenty-Third Publications, 1994), p. 131.

87 Marsh, *The Triune God,* p. 132.

88 Marsh, *The Triune God,* p. 132.

89 Colin Gunton, *The Promise of Trinitarian Theology* (Edinburgh: T. & T. Clark, 1991), pp. 38～39.

90 Gunton, *The Promise of Trinitarian Theology,* p. 41.

91 Gunton, *The Promise of Trinitarian Theology,* p. 41.

92 Gunton, *The Promise of Trinitarian Theology,* p. 42.

93 Gunton, *The Promise of Trinitarian Theology,* pp. 42～43.

94 Cary, "Historical Perspectives on Trinitarian Doctrine," p. 9.

95 第1.4和1.7段。

96 Carr, "Historical Perspectives on Trinitarian Doctrine," p. 9.

97 三一論的評論與分析，參奧古斯丁的 *Sermons for Christmas and Epiphany, Enchiridion, Faith, Hope and Charity, Confessions, Letters, On Christian Teaching, City of God, Faith and the Creed, Of the Morals of the Catholic Church, Reply to Faustus the Manichaean, On the Merits and Forgiveness of Sins, On the Baptism of Infants, On Rebuke and Grace, On the Predestination of the Saints, On the Gift of Perseverance, On the Spirit and the Letter, On the Soul and Its Origin, The Harmony of the Gospels*，以及 *Sermons on Selected Lessons of the New Testament.*

98 Phillip Cary, "The Logic of Trinitarian Doctrine [Part I]," p. 2.

99 Cary, "The Logic of Trinitarian Doctrine," p. 2.

100 Augustine, *On Christian Teaching* (Oxford: Oxford University Press, 1997), p. 10.

101 Augustine, *On Christian Teaching,* p. 10.

102 Augustine, *Sermons on Selected Lessons of the New Testament,* Sermon 2, "Of the Words of St. Matthew's gospel, chap. 3:13, 'Then Jesus cometh from Galilee to the Jordan unto John, to be baptized of Him.' Concerning the Trinity," trans. R. G. MacMullen, NPNF First Series, vol. 6 (Peabody, Mass.: Hendrickson, 1994), p. 261.

103 Augustine, *Sermons,* p. 262.

104 Augustine, *Sermons,* p. 263.

105 Augustine, *Sermons,* p. 263.

106 Augustine, *Sermons,* p. 263.

107 Augustine, *Sermons,* p. 265.

108 Augustine, *Sermons,* p. 265.

109 Augustine, *Sermons,* p. 266.

110 Augustine, *Sermons,* Sermon 41, "On the Words of the Gospel, Matt. 22:42, Where the Lord asks the Jews whose son they said David was," p. 398.

第二章

三位一體：中世紀、宗教改革運動和現代的貢獻

1. 早期中世紀

基督徒對上帝三一性的反省，隨著教父時代的偉大成就於500至600年間結束之後，不論在創意和深度上，均走向下坡。許多拉丁西方的神學家和教會領袖都認為，奧古斯丁的建樹——尤其是《論三位一體》——已經是這個論題的蓋棺論定。這不是說，西方基督徒思想家對於奧古斯丁的綜合毫無補充。中世紀早期最具影響力的一個思想家波伊丟斯（Boethius，卒於約525年）就至少撰寫了四部哲學／神學的論著，探討三位一體的教義和耶穌基督的位格。這位偉大的羅馬哲學家和政治家以極具影響力的《哲學的安慰》（*On the Consolation of Philosophy*）一書聞名於世，他也是奧古斯丁派三一論思想傳統的一個主要詮釋者，致力運用亞里斯多德的範疇來解釋三一論。至少在一個層面上，波伊丟斯似乎與奧古斯丁對三位一體統一性的強調重點背道而馳。他把「位格」定義為一個「理性本性的個別實體」（individual substance of a rational nature），似乎在父、子和聖靈之間的區分上，要比奧古斯丁神學所能容許的更大。

波伊丟斯是一個好例子，說明拉丁西方世界在後奧古斯丁、中世紀時期的神學趨勢，也有助理解16世紀宗教改革運動的舞台。波伊丟斯等人從來沒有否定釋經是教義建構和辯護的基礎，可是他們比最早期的教父更傾向運用臆測。中世紀拉丁西方世界的思維，在哲學與神學之間只有少許區分。聖經、柏拉圖、亞里斯多德，以及微妙的邏輯論證，在諸如三位一體和基督位格等教義的解釋和辯護上，全都扮演了重要的角色，即使程度各有不同。然而，在這過程中，對於三一論思想偉大傳統的補充，卻似乎極少可以與東方加帕多家教父和西方奧古斯丁等巔峯並駕齊驅。在他們與12、13世紀的中世紀經院哲學式文藝復興之間，除了波伊丟斯那「新穎和罕見的字詞」，以及對常見的用語加以定義之外，極少對傳統有所補充。

早期中世紀（約500～1000年）對三一論的最大爭論，無疑是所謂「和子爭論」（*filioque* controversy），這場爭論最終導致基督教世界的東西方陣營決裂。西方修道院逐漸接納把拉丁字 *filioque*（「和子」）加在381年的〈尼西亞（尼西亞－君士坦丁堡）信經〉的習慣，表明聖靈是從聖父和聖子「出來」（"procession"或"spiration"），這樣的做法，在奧古斯丁三一論的基礎上被證明是正確的。「和子」一語是如何進入西方的信經中，確實的情況並不清楚，不過最初可能是約6世紀在西班牙出現的。當修士前往巴勒斯坦（操希臘語的拜占庭基督徒在那裏似乎人數較多和佔優）朝聖時，他們會背誦信經說：「聖靈從父**和子**出來」。拜占庭的僧侶和教士反對這個插語，因為信經原本是沒有「和子」一語的，這個插語破壞了信經的完整性，而且使聖靈從屬於聖子。經過數世紀對這個拉丁文片語的反覆論證之後，最終以東方主教與西方主教互相把對方逐出教會收場。雙方的皇帝均牽涉在內，宗主教和教宗也是一樣。最後在1054年，雙方正式把對方逐出教會。當然，在拜占庭（伊斯坦堡，即君士坦丁堡）大教堂發生的東西方分裂，還有許多其他因素，不過差不多一千年以來，雙方的神學家和教士都一再指出，「和子」一語是主因。

倘若波伊丟斯代表了早期中世紀西方拉丁神學的整體趨勢和取向，那麼拜占庭的宗主教阜丟斯（Photius，卒於約897年）就最能代表東方在同一時期的三一論思想。阜丟斯與波伊丟斯一樣，是一位偉大的學者，他被稱為「博學的人文主義者」，因為他精通古典文化的哲學和文學，以及基督教思想的聖經與教父材料。與波伊丟斯不同的是，阜丟斯是一位主教，由東方的皇帝提升至君士坦丁堡（拜占庭）宗主教的崇高職位。阜丟斯承擔起一個任務，要廢除〈尼西亞信經〉拉丁文版本那極具爭議的「和子」一語。阜丟斯在《聖靈的奧秘》（*Mystagogia Spiritus Sancti*，現存拉丁文版本，但從未完全翻譯成英文）中，提出了東方教會的決定性論證，對抗他認為在「和子」一語中所暗含的西方三一論。阜丟斯指出，「和子」是不合法的，原因在於它是由西方教會（只有西方的皇帝和主教支持）而不是由大公教會加入的新事物；此外，不論聖經或教父（至少是奧古斯丁之前的）都沒有提出過任何支持聖靈是從聖子而出的信念：「……不論是聖經的神聖話語，或是聖教父的人性之言，都從來沒有清楚說過聖靈是從聖子而出的。」[1] 阜丟斯反對「和子」概念的辯證式論據，相當巧妙。阜丟斯試圖證明，聖靈是從聖父和聖子(在永恆中，在神格之內)而出的認信，所產生的問題比它所解答的更多，並且實際上表示，在內在的三位一體中，聖靈是從屬於聖子的。阜丟斯持守歷史上東方教父的立場，至少是加帕多家教父以來的，他堅稱上帝的永恆三一存有的惟一正統教義，就是認為聖父是聖子和聖靈的「神性根源」(fount of the divinity)，祂們各自從聖父永恆受生和出來。拉丁西方教會拒絕了阜丟斯的論證，而東方教會則接納了它們。[2]

大體上，基督教神學思考在第一個千年的下半部分，缺乏非凡創意的活力和深度，尤其是在三一論方面。沒有任何神學家足以媲美加帕多家教父的巴西流和兩位貴格利，或奧古斯丁的高度水平。他們的討論，都是集中和環繞諸如 *prosopa*(希臘文的「位格」)、*persona*(拉丁文的「位格」)和 *filioque*(「和子」)等關鍵用詞解釋的微妙要點。拉丁西方教會與希臘東方教會領袖之間的政治張力，往往蓋過了神學的反省力和創造力。由於許多基督徒思想家都認為，三一論已經完全處理妥當，他們就滿足於複述以往的論調，或藉著辯證的論證和臆測說明早已有的定案，三一論於是變得了無生氣。這情況一直延續至中世紀哲學和神學的文藝復興時期(主要是始於12世紀，在13世紀達到高峯)，那時候經院哲學花開盛放，把新的生命吹送入基督教的三一論思想中。

2. 中世紀巔峯和後期

中世紀歐洲基督徒思想家的一項主要工程，就是探討基督教教義的邏輯性地位，例如三位一體和道成肉身。這些經院哲學思想家往往極少把神學與哲學區分，而且他們傾向假定，只要基督教神學信念是真確的，那麼就可以證明它們的邏輯必然性。當然，上述假定是有例外的，而且正好在中世紀基督教思想復興開始時，就有兩個重要的拉丁基督徒知識分子對這問題的看法南轅北轍。偉大的坎特伯雷的安瑟倫(Anselm of Canterbury，卒於1109年)致力證明基督教教義的邏輯必然性，而他那較年輕的同儕阿伯拉德(Peter Abelard，卒於1142年)則對人類思維足以證明所有基督教教義的能力，沒有那麼樂觀。不過，即使阿伯拉德把信心與理性緊密相連，他也肯定單有理性是不可能完全取代信心的。

對於這些及以後的中世紀拉丁基督徒思想家來説，例如阿奎那(卒於1274年)，三一論為哲學與神學的思考磨坊，提供了美妙的磨粉穀物。他們差不多全都認同早期教會會議對基督的位格(一個位格有兩性)和三位一體(三個位格分享同一實體)之宣稱的權威，不過他們也相信那些新近發現的知性材料，例如亞里斯多德的哲學，可以協助基督徒解決與北非和西班牙的大公教會信徒、伊斯蘭教徒及猶太教徒之間的對話和辯論所產生的某些難題。具有神秘思想傾向的基督徒思想家，例如費奧尼的約雅斤(Joachim of Fiore，有時拼寫成"Flora"，卒於1202年)，致力把三一論的教義聯繫於歷史的流程和上帝的內在經驗，但沒有抗拒對這教義所作的嚴格知性論證。聖維克托的理查德(Richard of St. Victor，卒於1173年)或許是中世紀大公教會三一論思想家中最具創意和影響力的一位，他提供了一種新的思考方式，探討三位一體眾位格的統一性，這觀點在他那時及以後被視為幾近是異端，但在現代基督教三一論思想中卻廣受接納。在中世紀的巔峯時期，拉丁西方教會召開了處理三位一體的兩次教會大公會議(不被希臘東方教會承認)，分別是：第四次拉特蘭會議(the Fourth Lateran Council，1215年)和佛羅倫斯會議(the Council of Florence，1438～1445年)。兩次會議都有助解決對於三一論細節的爭議。

大體上，在中世紀歐洲的巔峯時期，對三一論的反省並非極有創意，不過在這時期，某些基督徒思想家運用了神聖啟示和人類理性的工具，重新嚴格地檢視和建構三位一體的教義。以下所略述的某些人物，對教會思考上帝的三一性奧秘有重要的貢獻。

坎特伯雷的安瑟倫經常被視為是歐洲中世紀最重要的一個基督徒思想家，而他對上帝存在的「存有論證」(ontological argument，或譯「本體論證」)構想，在現代最為聞名。他另一被人稱道之處，就是他在《上帝何故化身成人？》(*Cur Deus Homo?*)一書中，對基督的兩性教義(「位格的聯合」〔hypostatic union〕)提供了一個「證明」，而且在這個過程中，建構了一個新的贖罪論模式，稱為「補償論」(Satisfaction Theory)。安瑟倫在許多拉丁文著作中(不是全部都已翻譯成英文)，試圖糾正異端對三位一體的看法，而且對這奧秘發散了一些理性的亮光。他最著名的三一論作品有《三一論信仰》(*De fide Trinitatis*)、《駁希臘人論聖靈出來》(*De processions Spiritus Sancti contra Graecos*)和《獨語》(*Monologion*)。

安瑟倫深受奧古斯丁的影響，而且明確地站在奧古斯丁神學的「陣線」上，奧古斯丁的神學支配了拉丁基督教思想，以及後來許多新教改教家。奧古斯丁受柏拉圖思想的影響，使他對三一論的反省側重了上帝統一性的方向。對他來說，聖靈是三位一體的第三個「位格」，是「愛的聯結」，把聖父和聖子聯合在一起，並且從祂們而出。提倡和擁護拉丁文〈尼西亞信經〉中「和子」一語的人，可以追溯至奧古斯丁的構思，以便在神學基礎上證明把這插語加在信經中的正確性。安瑟倫採納了這個三一論思想的奧古斯丁傳統，並且賦予一個相當經院哲學式的「詮釋」。那就是，安瑟倫運用邏輯，證明三位一體(以及基督教的其他教義)的奧秘，不只合乎理性，在邏輯上也是必須的。簡言之，按照安瑟倫在《獨語》中的見解，神聖的萬物創造者必須**同時**在祂自己裏面是完美地統一為一個本質或實體的，**並且**在祂裏面擁有三個(而且不多過三個)可區分的關係。安瑟倫的這個論證，代表了對奧古斯丁關於上帝三一性的著名「心理性類比」的一種經院式説明和維護。「至高的靈」(聖父)必然是智性的(以創造世界)和永恆的。這至高的靈永恆地彰顯自己，而這永恆自我彰顯的是祂的道(聖子)，那是屬於祂的本質，卻不是完全等同於祂自己，因為祂是受生的(生出的)，正如思想是由智力生出來的一樣。那麼，聖父和聖子是相關的，正如理智和思想是相關的一樣。祂們完全是同質的(在本質和存有中是同一的)，但在形態(modality)或關係上有區別。兩個這樣的關係在一個本質的、智性的存有中，必然有一個第三者，作為愛把兩者結合在一起，而那就是聖靈——在神聖本質中的第三個關係，永恆地從父和子而出。[3]

安瑟倫沿著本質主義－智性(essentialist-intellectual)的路線對奧古斯丁式三位一體觀點的論證，非常難以捉摸，而且許多現代讀者也發現它似乎出現概念上的跳躍。安瑟倫相信，三位一體是可以按照邏輯來證明的(始於相信一位至高的靈，祂是萬物的創造者)，這論點究竟是否正確，是可以爭論的。至於對三位一體的教義歷史，重要的是，他強化了奧古斯丁的三位一體心理性模式，神聖的存有在這模式中被假定為在本質上是智性的，而獨一的神聖存有的三個位格之區別，則被淡化為來源的關係（以思維活動來了解祂們彼此的受生和出來）。某些人批評奧古斯丁式－安瑟倫式的三位一體心理性模式，堅稱它必然會暗含著三位一體的形態論派觀點，把聖靈貶成為聖父與聖子之間的某類「黏合劑」。即是說，它可能會把聖靈非位格化（de-personalize），從而合理化地稱三位一體的第三個位格為「它」（It）。[4] 安瑟倫對三位一體那微妙的辯證性和心理性的想法，深深影響了中世紀大公教會的三一論辯論，包括在兩次大公會議中正式確認「和子」：1215年的第四次拉特蘭會議和1438至1445年的佛羅倫斯會議。後一個會議把安瑟倫的貢獻提昇至教義的地位——結論是「在上帝裏的一切都是等同的，除了是關乎身分的相對關係（正如在父、子和聖靈中）。」[5] 對於「相對關係」（opposed relations），安瑟倫和大公會議是指「來源的關係」（relations of origin），以至聖子與聖父的惟一不同之處，是祂從聖父受生，而聖靈與聖父或聖子的惟一不同之處，是祂從兩者出來。因此，聖靈若不是從聖子而出（「和子」），祂就會在任何一方面都完全等同於聖子，要不然祂便是「另一個聖子」，那會暗示在三位一體中有多重性，而混亂了神聖本質的簡單性（三神論）。

雖然聖維克托的理查德是經院派的中世紀神學家，他卻沒有安瑟倫那麼關心教會教義（例如三位一體）的邏輯性、演繹性的證明。就像安瑟倫一樣，他深受奧古斯丁的影響，但與安瑟倫不同的是，他留意和運用了奧古斯丁三一論神學的**位格主義式**（personalist）部分，使他強調父、子和聖靈等三個位格的不同。比起大多數經院哲學家，理查德也較為信奉神秘主義，更傾向在神學中運用靈修學。他對於受到廣泛接納的三位一體心理性模式不感滿意，而且想要證明，三個位格如何可以既是真正有區別的位格，而仍然是一個上帝。理查德為三位一體教義歷史所留下來的遺產，就是在西方發展多年的所謂三位一體「社羣性類比」(social analogy) 或「社羣性模式」(social model)，[6] 這模式在許多方面較接近希臘式的三位一體觀念（尤其是在4世紀的加帕多家教父中表達出來）。聖維克托的理查德對於三位一體的奧古斯丁心理性模式之安瑟倫式版本的巧妙修正和調節，已經被重新發現，並隨著神聖的愛的社羣性模式在20世紀受到重視（尤其是在某些新教徒中間），因而得到運用。

聖維克托的理查德是沒有那麼聞名的聖維克托的休格 (Hugh of St. Victor，卒於1141年) 的門生，後者試圖證明經院神學與神秘神學之間是協調一致的。雖然休格的三一論思想在許多方面類似安瑟倫，而且肯定可算是奧古斯丁心理性模式的一個例子，因為它把三位一體比作是人類的靈魂（在智性上被認為是指理智或思想），它卻包括了一個元素，有助更強調上帝的三個位格的區別性。那元素就是「上帝的參與」(divine appropriations) 或「上帝的歸屬」(divine attributions) 的教義。無疑，休格不是第一個基督徒思想家認為上帝的某些行動或作為是特別與某些位格相關的，這至少在人類思想上是如此，不過他對這個觀念的強調，在某程度上影響了他的門生聖維克托的理查德進一步發展眾位格的區別性。「參與」(appropriations) 或「歸屬」(attributions) 的教義（特別見於休格那有影響力的拉丁文著作《論基督信仰的聖事》〔*De sacramentis fidei Christianae*〕）意指，至少在人對上帝三位一體的反省中，把聖父想成和說成是特別參與在(例如)創造的工作中，而把聖子想成和説成是特別參與在救贖中，是恰當的。這是特別把這些作為「參與」或「歸屬」給三個神聖位格的其中一位，同時承認早期教父所奠下的原則，即「三位一體的三個位格向三位一體以外所具有的作為，是不可分割的」(*opera trinitatis ad extra indivisa sunt*；譯按：直譯是「三位一體的外在作為是不可分割的」)。三位一體的功能必然完全一致，以致三個位格全都可以參與在每一項中，不過三位一體的個別位格可以**說成是**在創造、救贖和成聖的某些活動中特別工作。這個參與－歸屬的原則，與屬靈生命相關，因為我們可以思忖三位一體某一位格的恩典，並為此而讚美祂，卻沒有任何對上帝之存有含有離散的暗示。

聖維克托的理查德採納了休格對於三個位格的區分性的潛藏重點，而且更走前一步，卻絲毫沒有意含(正如某些人以為的)三神論(相信三個上帝的信念)。理查德最重要和最有影響力的著作是《論三位一體》(*De Trinitate*)，這部作品從來沒有完全翻譯成現代英語。理查德沒有從典型的奧古斯丁式出發點開始，即首先強調神聖本質的統一性，然後致力解釋在其中如何可以有多重性，理查德反而是始於父、子和聖靈的位格，以及在羣體中的個人，試圖證明位格之間完全的愛是要有本質上的統一性。在這個過程中，這位維克托學者對「位格」提出了一個新的定義：「神聖本性的一個不能言傳的存在」(an incommunicable existence of the divine nature)。理查德認為，倘若上帝如聖經所宣稱的是愛，那麼在上帝裏面必然有三個這樣的「位格」。因為完全的愛總是會推及至在自我以外的他者。自我的愛是不完全的愛。上帝的愛必然是完美的，**並且**絲毫不是取決於受造之物。

因此，上帝的愛必然是在上帝裏面而為他者導向的（other-directed within God himself）。故此，在上帝裏面必然至少有兩個位格（不能言傳的存在者〔incommunicable existents〕）：施愛者與被愛者。不過，那只可以是兩個嗎？若然的話，為甚麼是三位一體而不是「二位一體」（Binity）？理查德的回應是巧妙而充滿爭議的。他認為，二者之間的愛，不及三者之間的愛完美。在只有兩個人之間的愛，往往都有自我中心的色彩，而惟有當一個第三者屬於這愛的圈子中時，愛才是完美的，因為「在兩人非常強烈的愛中，沒有東西比你期望那個你所最愛並最愛你的人有另一個人同樣被他所愛，更為珍貴和優勝」。理查德總結說，像上帝那樣完美的愛，是「不可能沒有眾位格的三位一體的」。[7]

聖維克托的理查德這個社羣性三位一體模式的雛型，有一些頗為明顯的問題。為甚麼是三個，而不是四個？在四個或以上者之間的愛，而不只是三個，難道不是更完美的嗎？再者，這三個不能言傳的存在者（位格），不論如何以愛相繫，真的可以是一個神聖的實體或本質嗎？這位維克托學者的社羣性模式，難道不會不可避免地導致三神論嗎？類似的問題，也可以用來針對安瑟倫（或其他人）的奧古斯丁式三位一體心理性類比，他們在此強調神聖實體的統一性，說成是一個智性的本質。記憶、理解和意志，怎麼會真的是三個「位格」？這怎麼可以不會陷入撒伯流主義或形態論？而且，為甚麼堅持智性是需要三個而且只是三個互相有關的層面？為何不把其他諸如「愛慕」或「盼望」等放進這等式中？但無論如何，理查德的社羣性模式作為上帝的三位一體存有的完整敍述，似乎並不比安瑟倫的心理性模式有更多瑕疵。許多基督徒神學家懷疑，究竟是否有一個模式能夠足以完全描述三位一體。它們可以是互相補充，而不是彼此爭競嗎？

中世紀有兩個沒那麼重要的神學家，他們的三一論想法由於過分接近或完全陷入撒伯流主義（形態論）或三神論中，因而被判為異端（或對或錯），他們是阿伯拉德和費奧尼的約雅斤。這兩個拉丁西方教會的中世紀基督徒思想家，相當代表了三一論思想不同意見的相反傾向。兩人被判為異端，部分是因為他們的三一論構思，他們兩人均被以後較為寬容和／或沒有那麼關心嚴格正統思想的基督徒所重新重視。不論阿伯拉德或約雅斤都不是想要成為異端的，而且假如衡量真正異端的一個必然準則是**堅持錯謬**——正如某些大公教會和正教會神學家所主張的——那麼他們就不是真正的異端了。兩人的確實信念都難以確定，相當含糊不清。

阿伯拉德大約生活在安瑟倫的時期，是一個特立獨行的巴黎哲學家和神學家。他經常被視為是唯名論（nominalism）的先驅，因為他質疑共相（universals，例如「紅色」和「人性」）的客觀真實性，而且強調個別存在事物或抽象概念在存有論上的優先性。人們也會記得他的不幸遭遇，那是在他的自傳中略為敍述，並且反映在他與哀洛漪思（Heloise）的情信中。由於他們兩人私定終身，哀洛漪思的舅舅找凶徒把阿伯拉德閹割了。在神學上，阿伯拉德在他的辯證著作《是與否》（*Sic et Non*）中，對基督教教義被視為共識之處，提出疑問，因而聞名於世，他在書中為那些傳統上可以追溯至教父的教義問題，列出了相反的結論。在他的作品《論神聖三位一體》（*Tractatus de Unitate et Trinitate Divina*）中，當這位才華橫溢卻不幸的巴黎教師把三位一體比作是一個銅印(金屬印章,壓印在蠟上),並指出「上帝是三個位格,就像我們說神聖的實體是力量、智慧和美善一樣」時,便似乎過分接近撒伯流主義或形態論了。[8] 阿伯拉德的三一論究竟是否傾向形態論派多過是奧古斯丁派或安瑟倫派,這是有爭論的,不過我們至少可以說,它一直都是使人困惑的。1121年的蘇瓦松會議(the Council of Soissons,實際上是一次主教大會)譴責這本書是「撒伯流派」的,公開把它焚燬。阿伯拉德寫了一篇辯辭,在其中收回任何他不是故意寫入書中的異端思想,以免他被燒在火刑柱上。然而,他被視為一個反抗者的聲望觸動了權勢(他得到這名聲,可能只是由於他質疑教會教義的標準措辭,以及指出它裏面的矛盾),以致他一生充滿災難,而他也因著宿敵克勒窩的伯爾納(Bernard of Clairvaux)攻擊他而作出的譴責,在往羅馬上訴的途中死去。

阿伯拉德的思想被認為是形態論式的三一論,與他相反的是偉大的意大利修道神秘主義者費奧尼的約雅斤。與阿伯拉德一樣(阿伯拉德大約在約雅斤出生時逝世),這位卡拉布里亞(Calabrian)的神秘主義者因著政治原因而受到敵人的懲罰(沒有被閹割!)。他的著作似乎是得到激進的方濟會修士所支持和確實採用,後者反對教廷的財富和權力。與阿伯拉德不一樣,約雅斤的三一論強調上帝位格是三位,這樣使他的教義被指責為三神論。或許沒有基督徒三一論思想家比約雅斤更公然接近三神論,不過許多後來的神學家卻認為他是正統信仰者。約雅斤大多數尚存的著作只有拉丁文,而且是不完整的,雖然他的著作摘錄已經被翻譯成英文。他最具爭議性的作品是《新舊約經文彙編》(*Concordia Novi et Veteris Testamenti*)和《駁倫巴都書》(*Liber contra Lombardum*）。在諸如此類的作品中，約雅斤對於按照奧古斯丁式－安瑟倫式傳統構思的大公教會三一論，作出了建構性和批判性的貢獻。

約雅斤對三一論的建構性貢獻，在於他對三位一體通過歷史而發展的歷史性－終末性觀點（historical-eschatological vision）。世界歷史可以分為三個時期，三位一體的三個位格在其中獨特地活動和參與。約雅斤認為，聖父是特別活躍於世界歷史的狀況中，始於創造，隨著基督的來臨達到終結。因此，律法由聖父賜予，而三位一體的第一個位格是在舊約敍述的時代中最多啟示和活動的神聖位格。聖子主導了始於新約的福音時代。耶穌基督是神聖的位格，特別在歷史的這段居間時期裏啟示和活動。最後，根據約雅斤的看法，在將來的時期，被造物本身會屬靈化，上帝和世界在這段時期將會完全合一，而這就是聖靈的時代，現在正處於開端，但只會在將來才完全實現。三位一體某些位格與世界歷史某段時期的聯繫，可以是符合上帝的參與或歸屬的教義，不過約雅斤的意思似乎更多一些。在他對上帝參與歷史的觀點中，三位一體的眾位格是分開的，而且被祂們在世界所成就的事情影響。

約雅斤沒有臆測上帝的三個位格因歷史而離散之必然性，也沒有公開批評他認為是大公教會－正教會三一論的撒伯流主義之處，尤其是在中世紀極重要的著作倫巴都（Peter Lombard，1095～1169年）的《語錄》（*Sentences*）中所表達的，以致他不用受到宗教法庭的逼害，以及教會會議的譴責。約雅斤堅稱，聖子在耶穌基督裏的道成肉身，以及聖靈對世界的溝通，兩者都要求三位一體眾位格的「實質區別」（substantial distinctions），以致祂們必須被認為是「三個獨特的、個別的實體」，而不只是三個在來源中有分別的關係。約雅斤認為，倫巴都所說的傳統教義忠於奧古斯丁式－安瑟倫式的模式，三個位格約化成了只是上帝的名稱。他認為，在三一論的古典拉丁版本中，三個位格在此是從屬於上帝的一個本質，那麼在上帝裏必然是**四樣東西**（實體和三個位格）**或**在上帝裏只有**某一東西**（實體）。

無疑，約雅斤對上帝的歷史三一性的看法，遠遠逾越了聖維克托的理查德或東西方的大公教會－正教會任何其他基督徒思想家所暗示的社羣性類比。大公教會不太欣賞約雅斤對其三一論教義標準形式的批評，在1215年的第四次拉特蘭會議中譴責他和他的著作。那次會議是由羅馬大公教會召開的，被視為是第12次教會大公會議，由於它那詳細、準確的教義建構，因而標誌著西方教會在三一論教義上的里程碑。這次會議針對約雅斤，而認同倫巴都（他是站在奧古斯丁式－安瑟倫式傳統的三一論想法上），肯定了一個神聖實體或本質是絕對簡單（在每一方面都是合一的）和永不改變（不受歷史的影響）的教義，而且父、子和聖靈的三個位格只不過是在神聖實體中清楚區分的關係，有區別的只是祂們彼此之間的不同來源關係。聖父是等同於神聖本質，卻不等同於聖子，而聖子也等同於神聖本質，卻不等同於聖父，祂是藉著聖父而永恆受生的。聖靈是等同於神聖本質，卻不等同於聖父或聖子，祂是藉著兩者同等地和永恆地而出的（「和子」）。三個位格是真正的三位，而不是「三個他者」（three others）。某些現代評論家認為，第四次拉特蘭會議實際上是不幸地在教義上區分了「上帝的一」（*de Deo uno*）與「上帝的三」（*de Deo trino*），而且把前者置於過分優先的位置，貶損了後者。[9] 自從那時候開始（可能之前已是一樣)，大公教會－正教會的三位一體教義，尤其在西方教會，深受始於並強調三位一體在神聖實體中的統一性這傾向所煩擾，而忽視了三位一體是獨立的神聖位格完全地在愛中合一的契合。

阿奎那代表了中世紀經院式和臆測式神學的頂峯。他對啟示和理性的偉大綜合，以及對所有基督教哲學和神學的系統觀點，見於諸如《神學大全》(*Summa theologiae* 或 *Summa theologica*) 等多冊鉅著中，這套著作往往差不多被視為是經院哲學的同義詞，並且等同於大公教會的標準思想。他被眾教宗宣告為「教會的天國博士」(the Angelic Doctor of the Church)，而他的神學經過教會會議的洗禮，成為大公教會一切思想的規範。他的一生(1224～1274年)大部分時間在巴黎度過，在當地的大學教學和寫作，這位生於意大利的道明會修士由於試圖把新發現的亞里斯多德式形上學和邏輯學與神聖啟示和基督教傳統結合，因而備受爭議。他的神學嘗試去發現和表達「自然與恩典」(例如：自然理性與信心)之間，以及基督教思想的神秘－靈性傳統與經院哲學的理性－邏輯取向之間的恰當關係。柏拉圖和亞里斯多德的哲學，在阿奎那的神學系統中都有表述，安瑟倫與聖維克托的理查德似乎是矛盾的三一論觀點也是一樣。阿奎那是一個神學天才，原因有許多，至少他有能力跨越看來是不能橫過的鴻溝，並且結合了似乎互不兼容的取向。

若要完全說明阿奎那的三一論貢獻，就要使用比本書所能容納的更多篇幅。在此只要說，是他巧妙地、創意地綜合了傳統的奧古斯丁心理性模式，以及聖維克托的理查德的相通性－社羣性模式(communal-social model)，這就夠了(下文會略為解釋)。差不多不用懷疑，阿奎那對上帝的三一存有的統一性和多重性的看法，最接近奧古斯丁式－安瑟倫式的版本，不過他也想公平看待維克托的版本。對於阿奎那來說，統一的神性(上帝的實體)是理性－智性的本質，即是一個永恆的思維，沒有時間性、推論性的思想。一個「位格」是一個「在〔或來自〕智性的本性中的獨特實存」(distinct subsistent in [or of] an intellectual nature)。[10] 一個智性的本性是要有某程度的多重性，正如愛——上帝是愛，智性也是一樣。聖父的智性之愛帶來了聖子的永恆受生，聖子與聖父的區別，只在於祂是由聖父從一切永恆中所生的。聖父與聖子之間的愛帶來了聖靈從兩者永恆而出，成為祂們「愛的連結」，與祂們的區別只在於是從祂們永恆而出。

關於阿奎那對上帝三一性的看法，問題仍然存在。這三個關係(父、子、聖靈)是真正完整意義的「位格」，抑或是對祂們「存有的形態」(modes of being)或「實體的實存」(subsistences of the substance，或譯「實體的支撐」)的一個較佳用語而已？拉納(Karl Rahner)是20世紀最重要的天主教三一論神學家，他認為由於「存有的形態」說明了在三位一體裏的多重性，故比「位格」這用語更佳，因為不論一個人怎樣試圖迴避，「位格」難免對大多數人來說是意味著「意識和意志的一個與別不同的中心」。[11] 不過，阿奎那顯然沒有把神聖存有中的多重性約化成只是名稱或存有的形態。第二，阿奎那是真的踏出了超越奧古斯丁式－安瑟倫式強調神聖存有的統一性的一步，抑或他也促成了相當困擾西方基督教思想的**運作性形態論**(operational modalism)呢？由於首先考慮上帝在本性上的統一(一位〔*de Deo uno*〕)，然後才嘗試尋找位格的多重性的「空間」(三位〔*de Deo trino*〕)，而且特別把上帝的統一性等同於上帝的靈性－智性本質，阿奎那**似乎**加深了西方神學在三一論的難題。

一般認為，里昂會議(the council of Lyons)和佛羅倫斯會議是兩次「復合的會議」(reunion councils)，因為與會者包括了基督教世界的希臘東方教會和拉丁西方教會的代表，而所公佈的教義主張，也是想透過克服因著西方教會信經的「和子」一語所造成的不幸分裂，從而達到東西方教會的合一。1274年的第二次里昂會議在法國里昂召開，君士坦丁堡的宗主教和拜占庭皇帝的兩個代表都有出席。教宗貴格利十世(Gregory X)召開這次會議，並且擔任主持。這次會議的「論聖靈出來的法規」("Constitution on the Procession of the Holy Spirit")的教義含義，同時得到東方教會的代表和西方教會的主教所支持，因而達成了希臘教會與拉丁教會在形式上的復合。它肯定了「和子」的用語和概念，也肯定了一個概念，即聖靈是從聖父和聖子而出，「不是來自兩個本源，而是來自一個，不是藉著兩個出來(spirations)，而是藉著一個。」後一項限定似乎可以滿足東方教會的與會代表，他們反對「和子」一語，原因就是它有聖靈是「雙重出來」(double procession)的概念，以致嚴重破壞了三位一體的統一性，也破壞了聖靈與聖父和聖子的同等性。

第二次里昂會議宣告了以下非常簡潔卻較為清晰的三位一體教義：

> 我們相信神聖的三位一體，父、子和聖靈，一位全能的上帝，以及神性全然在三位一體中；共同本質的(co-essential)、共同實體的(consubstantial)、共同永恆的(co-eternal)和共同全能的(co-omnipotent)，有同一意志(will)、能

力(power)和尊榮(majesty),萬物的創造者。……我們相信在三位一體中的每一位格都是完全的真正上帝。……我們相信上帝的兒子,上帝的道,從聖父永恆受生,共同實體的、共同全能的,並在神聖中完全等同於聖父。……我們相信聖靈,完全、完美和真正的上帝,從聖父和聖子而生,與聖父和聖子在凡事上是同等的、共同實體的、共同全能的和共同永恆的。我們相信這三位一體不是三個神,而是一個上帝,全能的、永恆的、不可見的和不會改變的。[12]

佛羅倫斯會議(1438～1445年)是在拉丁教會的全體或大公會議中,最後一次對三一論作出教義的規劃。這次會議大部分重複了第二次里昂會議已經申述之處,而希臘教會的代表再次出席,同意包括「和子」在內的用語,條件是要肯定聖靈從聖父和聖子而出,是來自一個本源(principle,不是兩個),而且是從一個而出(procession,不是兩個)。佛羅倫斯會議也把安瑟倫著名的三一論概念教義化,即「在上帝凡事都是一,關係〔即來源〕的對立是不會介於其間的」。這個原則的意圖,雖然是為了維護神聖本質的統一性,對抗三神論的威脅,它卻可以按照形態論派的角度解釋,視之為把上帝的位格約化成一個上帝智性實體的存有形態。不過,由於地緣政治和神學上的危急情況,里昂會議和佛羅倫斯會議所達成東西方教會的復合,後來就瓦解了。儘管如此,這些會議所宣告的三位一體教義,卻奠下了讓基督教世界的兩大陣營以後可以對話、協議的基礎,最終帶來復合的可能(隨著他們互相承認對方)。

大體上，西方神學在中世紀時期是整理自早期教父（尤其是奧古斯丁）流傳下來的大公教會－正教會傳統中的三一論教義。換言之，對於三位一體，在創意思考上甚少有重要的躍進，而那些嘗試者（例如費奧尼的約雅斤）都被譴責為異端。許多精力都是集中和耗費在經院哲學的工程上，證明三一論教義在邏輯上是有必要的，或至少要與之一致。大多數拉丁思想家的重點，都是在於神聖實體的統一性是合乎智性的（即理智和思想），只有少數例外（例如聖維克托的理查德的神學），位格的區別性都被約化為關係。

在中世紀的末期，16世紀偉大宗教改革運動嶄露頭角之時，歐洲文藝復興的人文主義基督教思想家，例如伊拉斯姆（Erasmus of Rotterdam，1466～1536年），對於中世紀經院神學吹毛求疵的論證感到厭煩。伊拉斯姆的「基督的哲學」（Philosophy of Christ）[13] 對「神學」提供了一個簡單（即使並非簡化）的選擇，就是完全環繞於努力藉著祈禱和知識，在一切人間的關係中傚法基督的品性。伊拉斯姆與其他文藝復興人文主義的教會改革家提倡「跟隨基督」，避開了對三一論教義的理論建構。由於相當厭惡中世紀經院思想的極端行徑，這些基督教人文主義者似乎拋棄了一切神學反省。這是馬丁．路德（Martin Luther）與其他新教改教家所踏進的環境，而我們也要轉到他們對三位一體神學思考的故事中。

3. 改教家的貢獻與宗教改革時期之後的忽略

大多數新教改教家認為，三位一體的教義已是定案，而不願重新考慮它的基本內容，正如在〈尼西亞信經〉和奧古斯丁著作中所呈現的。上帝的三一性是指一個存有或實體，以及三個永恆位格或實存（subsistences），這個基本定論差不多被所有新教徒視為是正統基督教信仰的根本。另一方面，新教的主要改教家也在不同程度上，嚴厲批評他們認為是對三一論教義過分臆測和精細的經院式發展。在針對中世紀經院神學的回應中，某些新教徒，例如斯特拉斯堡的布塞珥（Martin Bucer of Strasbourg，1491～1551年），想要拋開那些關於內在三一性之統一和區分的關係的傳統非聖經用語，例如「本體相同」，甚至可能是「三位一體」本身。然而，新教主要的神學家，例如馬丁·路德（1483～1546年）、慈運理（Ulrich Zwingli，1484～1531年）和加爾文（John Calvin，1509～1564年），都肯定了有需要運用聖經以外的用語，維護聖經關於上帝的教導，以及早期基督教論上帝和基督的信經的相對權威。然而，這不是說，他們欣賞所有對於永恆神聖「出來」（processions）和「關係」（relations）的中世紀經院式用語和辯論。他們不是的。就像許多文藝復興時代的基督教人文主義者一樣（例如伊拉斯姆），路德、慈運理和加爾文避免對上帝內在生命的奧秘作出過分理性的探究，而且盡可能肯定在教父時代所開拓的三位一體教義，同時避免經院哲學的吹毛求疵。

在重要的16世紀期間，隨著由路德和慈運理展開的新教宗教改革運動獲得成功，創造了更多地挑戰基督教傳統的自由，甚於他們所作的，某些對於三位一體的新想法就難免出現。來自西班牙和意大利以及其他歐洲地區所謂的「反三一論的理性主義者」（anti-trinitarian rationalists），在新教的地區尋求庇護之所，他們試圖說服新教徒不只扔掉傳統天主教的救恩觀和聖禮觀，也拋棄那些關乎基督位格和三位一體的思想。這些激進改教家的挑戰，例如塞爾維特（Michael

Servetus，1511～1553年）和福斯圖斯．蘇西尼（Faustus Socinus，或 Fausto Sozzini，1539～1604年），迫使那些想持守尼西亞三一論正統信仰的主流的、權威的改教家，在他們的跟隨者中間辯護一直持守的三位一體信仰。

馬丁．路德往往被譽為是16世紀新教宗教改革運動的催化者和主要領袖。他在1517年於德國威登堡（Wittenberg）大教堂門前釘上著名的〈九十五條論綱〉（Ninety-five Theses）的前後，都據理反對中世紀經院神學傳統在神學反省中對邏輯和推論的強調，也反對他的追隨者及其他新教徒想要摒棄教會傳統的每一方面，包括〈尼西亞信經〉和三位一體的教義。這位德意志改教家反對中世紀的經院神學家及其繼承者，強烈拒絕臆測上帝在永恆中的三一生命的內在活動。他把經院式的形而上學稱為「淫婦」（“seductress”，有時翻譯成“whore”），而且表示期望整套形而上學的科學在尋求上帝中都被「大膽地釘在十字架上」。路德一方面肯定了上帝的統一性是永恆的、不可分割的、神聖本質的，以及眾位格是永恆區分的三位，在其中是一個共同分享的本質，另一方面指出在上帝裏面是有難以理解的界限，遠非理性所能及。「這個內在的三一關係如何持續，是我們必須相信的事；即使是天使，不斷以欣喜注目於它，它也是不可理解的。所有想要理解它的人，只會徒勞無功。」[14] 另一方面，針對那些想要摒棄三一論語言，甚至是教義本身的人，路德堅決主張，救恩是取決於這個信念的。針對所有否認三一論信仰（正如〈尼西亞信經〉所說明的）的人，路德宣稱：「這是信仰；信仰是如此教導；這是信仰的立場。當然，我所謂的基督教信仰，是基於聖經的。不過，那些不想相信聖經而要跟隨理性的人——唔，就讓他走吧。……

這是要麼相信，要麼失落的事情。」[15]

如果說路德對三一論引入了甚麼新的元素（除了反對過分理性主義的推論之外），那就是強調三個位格的區別。路德毫不畏懼地強調，在聖經中見證了父、子和聖靈是「三個不同的位格」，即使祂們有同一的神聖本質。路德承認，在地上沒有例證可以合理地說明三位一體的屬天實況，不過他也用了一個「普通、簡單的例證」，來協助艱苦思考三位一體的人理解。「正如一個肉身的兒子是從他的父親得到血肉和生命，那麼上帝的兒子，由聖父所生，便由聖父從永恆得到祂的存有和本性。」[16] 這位改教家提出這個類比之後，立即承認它並不能充分說明聖父和聖子在永恆上帝中的合一。然而，若是加上路德所提到對三位一體的其他說法，就會顯示他是傾向沿著聖維克托的理查德的路線，把上帝的三個位格想成是在羣體中愛的各自獨特有別的位格（distinct persons of love in community）。若說路德是三位一體「社羣性類比」的榜樣和提倡者，這是誤導的，不過他肯定並非緊扣著奧古斯丁的心理性類比，傾向把上帝的眾位格約化成純粹是來源的關係而已。

路德的門生、得力助手和繼他成為新教宗教改革運動信義宗一系的領導者墨蘭頓（Philip Melanchthon，1497～1560年），比路德更能為信義宗新教思想提供一套系統性的闡述。墨蘭頓同時受到路德和文藝復興基督教人文主義者（例如伊拉斯姆）的影響。墨蘭頓雖然沒有如路德那麼嚴厲地譴責理性，他卻像路德一樣避免對三位一體的永恆內在作為（「內在的三位一體」）作出形而上的推論，而是認同強調上帝為我們在救恩歷史中的工作（「經世的三位一體」）。然而，在〈奧斯堡信條〉（Augsburg Confession，其中大部分是由他負責草擬的）中，[17] 這位路德的代理人相當明確地肯定尼西亞會議對於上帝本質的統一性和三個位格的教令。奧斯堡也譴責所有已知的三一論異端，以及把否認尼西亞信仰者稱之為「偶像崇拜者」，並且宣告他們羞辱了上帝，置於基督的教會之外。

墨蘭頓的《教義要點》（*Loci Communes*）是在1555年撰寫的，建構了最早期的信義宗系統神學。這位路德的繼承人作為宗教改革運動信義宗一系的神學領袖，在書中支持傳統的三位一體教義，可是他拒絕對內在三一關係的來源、產生和出來，作出精細的形而上臆測。當墨蘭頓處理三位一體時，在定義像「位格」這類詞彙中，較路德多走一步，但他在描述正統教義時卻沒有經院式的邏輯精密。他把在三位一體裏的「位格」定義為「一個本質，它本身是活的，不是許多部分的總和，而是一個統一和理性之物，並非由任何其他存有所維繫和支撐，彷彿是其附屬之物。」[18] 就像路德一樣，墨蘭頓強調三個位格在救恩歷史中的區別性，以致每一位格都有各自的工作。例如，聖子是獨特的「中保、救贖者和救主」，而聖靈則加強基督徒心中真誠的喜樂和對上帝的愛。除了這些有區別的職事和功能之外，墨蘭頓不願再妄加臆測，只是說明在上帝裏祂們是完美地在本質和能力中合一，**以及**聖子是聖父的永恆受生，而聖靈則是從聖父和聖子而出（「和子」），在祂們之間有愛和喜樂。因此，墨蘭頓大體上把信義宗的三一論引往堅固的奧古斯丁式－安瑟倫式的傳統中，而同時強調了三個位格的獨特功能。自從路德和墨蘭頓以來，信義宗的三一論思想傳統都是強調上帝三一性的奧秘（mystery），甚至是吊詭（paradox），並且避免過分理性地探討永恆的、內在的三一存有，同時堅持肯定上帝在本質上的完全統一和三個位格的區分，這是真正福音和基督教正統信仰的根本。

慈運理和加爾文是新教宗教改革運動的早期改革宗分支的兩個主要奠基者和領導者。慈運理催化了瑞士的宗教改革，並且大約同時得出了許多與路德一樣的觀念，而路德這位德意志改教家則是在薩克森(Saxony)工作的。加爾文是操法語的瑞士城市日內瓦的改教家。他是把改革宗神學系統化的重要人物，深受路德和慈運理的影響，而且比起這兩個老一輩的改教家，他更傾向以理性的方式辯明新教的思想。就像他們和墨蘭頓一樣，加爾文避免了經院式的理性主義和形而上學的臆測，不過他關注把新教神學所有鬆散的支流匯合在一起，成為一套協調的、系統的敍述，而不使用外來的哲學架構強加於其上。

加爾文對三一論的主要思考，見於他那重要的改革宗神學系統《基督教要義》(*Institutes of the Christian Religion*)的成熟版本(1559年)，特別是在卷一第13章：「聖經從最初即指示，上帝的一個本體包含三個位格」。這位日內瓦的改教家在此運用了聖經、理性和傳統(教父)，駁斥反對三一論的新教徒，例如塞爾維特。加爾文贊同地引用了拿先斯的貴格利，暗示奧古斯丁的《論三位一體》(*De Trinitate*)已經提供了三位一體正統思想方式的一切實際所需。加爾文同時批評否定三位一體的人——指責他們要為差不多所有異端思想負責——以及形而上學的臆測者，後者沒有滿足於新約和早期教會的簡單信仰，陷入炫耀的歧途，「纖細的臆測」，試圖過分精微地識透崇高的奧秘。加爾文這樣總結三位一體的「信仰準則」：

> 我們宣認相信一位上帝，上帝這名稱是表示一個 (single)、惟一 (simple) 的本體；在這本體中，我們理解為有三個位格。所以，當我們提到上帝一名時，不但是指父而言，也是指子與靈兩者；但當子與父聯結時，那就是涉及兩者間相互的關係；我們以此指出三位中的區分。不過，由於三位格的特殊屬性而在祂們中間具有一定的次序，例如，在父是起始和源頭，所以當父與子，或靈一同被稱呼的時候，**上帝**這名總是指父而言。以此方式，本體的統一性就得以保存，三位的次序也賴以維繫，然而這對於子〔或〕靈的神性，毫無貶損。[19]

加爾文相信，反三一論者和猶太教徒、伊斯蘭教徒與懷疑論者對尼西亞三一論的攻擊，損害了福音本身。他完全不是為了純理論的原因，或只是為了支持傳統的權威，而對三位一體的教義發生興趣。對他來說，為了表達和維護對救恩和耶穌基督的信仰，三一論的認信 (正如上述的簡略敍述) 是有必要的。任何貶損全部的尼西亞三一論信仰之處 (不必是尼西亞後期的三一論傳統的完整成果)，必然等於攻擊耶穌基督是救贖者、聖靈是成聖的力量，以及拯救完全是上帝恩慈的工作。加爾文對三一論的精確表述，往往受到奧古斯丁的影響，也使人聯想到奧古斯丁，不過與路德一樣，他主要關心的是，三位一體是聖經的表達方式，説明在創造、救贖和成聖更新中那「為我們的上帝」(God for us)。加爾文也像路德一樣，傾向強調三個位格或「實存」(subsistences) 的區別性，同時繼續肯定祂們在永恆和不可分解的單一本質中合一為一位上帝。

宗教改革運動的激進派系，包括差異極大的改教家及其跟隨者，他們為了不同理由，以不同方式拒絕了路德、慈運理或加爾文所接受的許多傳統。在宗教改革激進者中，既有重洗派（Anabaptists）人士，例如胡布邁爾（Balthasar Hubmaier，卒於1528年）和門諾．西蒙斯（Menno Simons，卒於1561年），也有理性主義反三一論者的塞爾維特和蘇西尼。若把這些改教家勉強歸為一類，是十分危險的，因為他們彼此之間甚少或毫無相同之處，除了他們是新教宗教改革運動受迫害的邊緣人物，因為他們比所謂「權威的改教家」（magisterial reformers）例如路德、慈運理和加爾文等人更抗拒基督教世界的不同傳統。在基督教世界的傳統中，差不多被所有激進改教家反對的有由國家支持的教會、嬰孩洗禮和高度禮儀化的崇拜。他們比路德、慈運理、加爾文或英國改教家更徹底地採取新教的唯獨聖經（*sola scriptura*）原則。這導致他們批評權威的改教家依賴形式化的信經、信條和以往大公會議的權威決議，以及相當精細的神學論證，而不是把他們對教義的肯定惟獨建基在聖經上。反三一論者想要保留聖經對父、子和聖靈的用語，而摒棄了整個尼西亞正統信仰傳統的形式和內容。另一方面，重洗派總的來說仍然是信奉尼西亞的，但把三一論的用語降低至次要的地位，因為它嚴格上不是聖經的用語。

重洗派的領袖和思想家，例如胡布邁爾和門諾．西蒙斯，深信上帝的三一性，卻把它約化至只複述聖經內容的最低限度。這些激進派的改教家並沒有公開批評或拒絕尼西亞的正統思想或教會發展成熟的三一論教義，卻不重視任何精確地解釋三個神聖位格的統一或祂們在永恆的關係秩序中的區分。他們認為，早期教會和中世紀的一切教義發展，比起傳揚福音和門徒訓練等較為重要的任務，只是徒勞無功的努力。他們的神學作品傾向集中於與權威的改教家有別的那些事情——尤其是適當的領洗者和洗禮的形式。所有重洗派信徒都信奉和施行澆灌或浸沒的信徒洗禮。然而，比起洗禮的確實正當的形式，更重要的是洗禮所描繪和宣稱的經驗——由上帝的聖靈重生。重洗派的典型說法，是胡布邁爾經常針對洗禮性重生（baptismal regeneration，藉著嬰孩受洗得救）的宣告：「我們必須重生，否則我們就不能得見上帝的國，也不能進去。」[20] 然而，為了防止反三一論有時會滲入重洗派的圈子中，門諾．西蒙斯撰寫了一部小冊子或信仰論著，題為《三一上帝的認信》（*Confession of the Triune God*，1550年），維護聖經對三位一體的教導。按照真正重洗派的做法，他試圖嚴格地信守聖經的用語，避免運用「人的詭辯和註解」（即是聖經以外，形而上學的用語）。他完全沒有訴諸任何信經或教會會議的決定，包括尼西亞會議和君士坦丁堡會議等信經。按照門諾的看法，「在這等事上〔即解釋三位一體〕，越過聖經的簡單說法，『就像試圖用一夸脫的瓶子......灌注萊恩河。』」[21]

門諾．西蒙斯對三位一體的信念的精髓如下：

> 親愛的主裏眾弟兄，我們相信和認信，這同一永恆、智慧、全能、聖潔、真實、永活和無限的道，基督耶穌，這道太初與上帝同在，就是上帝，無限的——在一切受造物以先，從無限的聖父而生——在時候滿足之時，按照聖父的不變旨意和忠實應許，在馬利亞這完全的童貞

女裏成為一個真正、可見、受苦、饑餓、口渴和會死的人，藉聖靈的行事和庇蔭，從她而生。[22]

無疑，這段話並沒有絲毫地方叫人想起三位一體偉大傳統的高度巧妙、半哲學式的用語，這傳統在門諾的著作之前已經發展了超過1,500年。在他的《懺悔錄》(*Confession*)其他地方中，他略為探究過那類用語，解釋他對三位一體信念的核心。例如，他堅稱聖靈「是從聖父通過聖子而出，雖然祂一直與上帝同在，並在上帝裏」。故此，即使是門諾．西蒙斯，儘管盡量「說聖經所說的話，在聖經沉默的地方，也保持沉默」，都不能避免借用聖經以外的語言，起碼是來自三一論教義公式和思想的偉大傳統。顯然，門諾．西蒙斯及其他主要的重洗派領袖在他的三位一體信仰上，至少在實務上是屬正統信仰的，而他們在重洗派運動不同分支的跟隨者中(門諾會〔Mennonites〕，河畔弟兄會〔River Brethren〕，弟兄會〔Churches of the Brethren〕等)保持有四個半世紀之久，都沒有正式認可或要求有三一論信經的認信。

激進宗教改革運動的其他主要分支，由相當不同的非正統——拒絕其他新教徒的新教思想——新教團體組成，稱之為反三一論者或反尼西亞者。16世紀新教宗教改革運動的這類異端，兩個最著名者已在較早時提及：塞爾維特和蘇西尼。他們與其他志同道合之士，在拒絕教義的傳統上，比門諾．西蒙斯和胡布邁爾等重洗派人士更進一步，堅持所有在新教思想中保留的信念，都必須嚴格地依循聖經和理性，按照這原則，就要拒絕古典的、正統信仰的三一論。他們的教義反省重提了3世紀的非三一論思想，例如亞流及其跟隨者，而且預示了(或許不是直接地影響)神體一位論（Unitarianism）在18世紀末和19世紀初的興起。他們是極端的一神論者，但強調以基督為中心。換言之，他們相信只要有人撇除傳統加上的所有三一論臆測，就可以發現，聖經的信息簡單地説耶穌基督是一個上帝的先知，而聖靈是上帝臨在於世界的另一個名稱而已。

許多基督教思想的歷史學者把塞爾維特視為是新教宗教改革運動的一個異端範例或原型。一個當代作者把他論述這位西班牙醫生和神學家的著作題為《塞爾維特：所有異端中的一個個案研究》（*Michael Servetus: A Case Study in Total Heresy*）。[23] 在16世紀的40和50年代，塞爾維特周遊歐洲的新教城市，試圖與主要的改革宗神學家對話，就三位一體作出辯論，他相信三位一體（至少在它的古典構想上）既是聖經見證的訛誤，也是違反理性的。他也出版了兩部反對這教義的主要著作，題為《論三位一體的錯謬》（*Concerning the Errors of the Trinity*，1531年）和《關於三位一體的對話錄》（*Dialogues on the Trinity*，1532年）。正如許多神學改教家一樣，塞爾維特想撰寫一部鉅著，總結他的建議，在神學上改變基督教世界的信仰和做法。1553年，他秘密和匿名地出版了《基督教的復興》（*The Restoration of Christianity*），直接導致他被天主教宗教法庭譴責，以及被加爾文治下的日內瓦市議會判處火刑燒死。塞爾維特也出版了幾部著作，討論解剖學、醫學和天文學－占星學。

雖然塞爾維特生於西班牙，他一生大多數時間是四處旅行的學者、教師、講師，以及秘密撰寫論神學和真正宗教改革書刊的作者。不用懷疑或爭議，他是當時最傑出和古怪的人。根據一位當代的翻譯者和評註者，塞爾維特在歐洲有十分重大的影響，因為他讓加爾文和墨蘭頓嚴肅地關心新教宗教改革的三一論正統信仰的未來。「塞爾維特在歐洲宗教思想歷史中的重要性，是由於以下的事情：他是反三一論傾向的奠基者，這些傾向在他死後半世紀已經發展成為一場清楚明確的運動。反三一論的運動在歷史上全都或多或少可以直接溯源至他。」[24] 現代的神體一位論是始於18世紀末在英美的一個獨特的、有組織的運動，它把塞爾維特視為它在許久以前的奠基者，而且比起路德、慈運理或加爾文是更真正的改教家。塞爾維特有幾次試圖要加爾文與他一同就三位一體的教義作公開辯論，特別是關於它究竟是否合乎聖經和理性。加爾文與這位極端改革家通信，非常嚴厲和明確地警告他要遠離日內瓦。由於不明的原因，1553年8月13日，塞爾維特在教會出現聆聽加爾文的主日講道。他被認出來，遭到逮捕，經由市議會主持的審訊之後，他在日內瓦市郊被判火刑燒死。雖然加爾文試圖說服議會把行刑的方法改為砍頭，但他無疑與這位不幸的西班牙人因持守非正統信仰而引致的死亡有關。歐洲諸國對於日內瓦對付激進異議者的手法，產生分歧。德國和瑞士的主要權威改教家——包括墨蘭頓——祝賀加爾文和日內瓦擺脫了新教的一個麻煩因素。另一方面，基督教人文主義者和其他激進改教家強烈抗議加爾文和日內瓦市。在塞爾維特死後不久，加爾文為這次迫害出版了書面的辯解，題為《駁塞爾維特的錯謬而為三位一體的正統教義辯護》（*Defense of the Orthodox Doctrine of the Trinity Against the Errors of Michael Servetus*）。加爾文究竟是否真的明白塞爾維特對三位一體及其他論題的觀點，這是有許多爭議的，而他對塞爾維特及其他持異議者和異端的處理，則影響了他在基督教神學歷史上的整體名聲。

假如加爾文沒有完全明白塞爾維特的三一論，那是很難為此歸咎於他。它是在塞爾維特的一生中逐步成形的，而且非常複雜，即使並非前後完全矛盾。塞爾維特雖然有時被標籤為反三一論者，實際上他只是反對尼西亞。換言之，他「沒有打算拒絕三一論，而是要修正經院式和尼西亞公式表述的錯誤。他會取代支持三位一體的哲學論證，把三個位格的實體（同質性〔consubstantiality〕）識別為較簡單的、按照聖經維護合一準則所用的論據（父、子和聖靈的神格唯一論〔monarchianism〕）」。[25] 他的三一論公式是撒伯流派主義（形態論）和次位論（subordinationism）（不是亞流主義，就是嗣子論〔adoptionism〕）的奇怪結合。他是由於上述兩者而受指控的，不過主要是因後者而被判刑燒死。他拒絕承認在耶穌基督這人與上帝的永恆、神聖的道之間是嚴格等同的，他認為上帝的道是「上帝的奇妙配置」（wonderful dispositions of God），上帝的神性在其中向外顯露。按照塞爾維特的看法，耶穌基督是上帝的兒子，但除了在彰顯之中（啟示），並不是上帝之道。聖靈不是散發自聖父或道的獨立存有或第三個位格，而是在創造和救贖中「上帝本身的行動」。

蘇西尼比塞爾維特更明確地是非三一論或反三一論者，不過至少是間接地受他的影響。然而，蘇西尼與這位西班牙醫生／神學家不同，他協助建立和領導一個激進的宗教改革運動逐步形成一個教派：波蘭弟兄會（the Minor Reformed Church of Poland）。波蘭弟兄會可能是神體一位論的最早期有組織的表達形式，儘管它在16和17世紀被視為是重洗派。蘇西尼的叔父萊利奧．蘇西尼（Lelio Socinus，1525～1562年）是一個有影響力的意大利律師、人文主義者，而且歸信極端的新教信仰，在歐洲四處旅行，與不同的改教家會面或通信，包括加爾文。萊利奧逐漸接納和維護反尼西亞（即使不是反三一論）的上帝觀。他拒絕正統信仰的三一論，至少部分是由於他受到塞爾維特在日內瓦被處死的理由所影響。當那位西班牙的激進改教家在火刑柱上被燒死時，萊利奧住在瑞士，對於布靈爾（Heinrich Bullinger，他是繼慈運理成為蘇黎世的教牧領袖）要求意大利人譴責塞爾維特的異端，並撰寫三位一體的信條，表達了相當的厭惡。蘇西尼編纂了《認識上帝》（*Confessio de Deo*，1555年），但後來著手出版反尼西亞的著作（例如《論聖子與神聖三一的論集》〔*Theses de Filio Dei et Trinitate*〕，1560年）。

蘇西尼探望他在蘇黎世的叔父萊利奧，而當萊利奧於1562年逝世時，他的姪兒收集了他的藏書，移居波蘭數十年之久，那裏的官方對極端宗教觀念相對較為容忍。在抵達波蘭之前，這位較年青的蘇西尼撰寫了至少兩部著作，他在其中否定了基督在本質上是神性的，以及在上帝裏面是有多個位格，這些著作從來沒有被完全翻譯成為英語：一本論約翰福音序言的專著（*De Explicatio*，1562年）和《救主耶穌基督》（*De Jesu Christo Servatore*，1578年）。蘇西尼在1580年到達波蘭之後，申請加入稱之為波蘭弟兄會（Polish Brethren或 Minor Church）的重洗派教派。他要經過一段時間的考驗，期間他要就重洗派所重視的不同爭議課題解釋他的觀點，結果這位意大利過客和極端改教家被獲准加入教會，而且逐漸主導了它的神學思想。當他在1604年逝世之後不久，他的跟隨者就撰寫和出版了著名的《拉科夫教理問答》（*Racovian Catechism*），它深受蘇西尼的影響，而且可能代表了首部神體一位論的信條。在16世紀末和17世紀初的數十年間，波蘭弟兄會在拉科夫(Rakow)城周圍興旺地發展，有自己的神學院和出版社。最後，波蘭政府把它鎮壓下來，許多蘇西尼派人士(Socinians，別人對他們的稱謂)在荷蘭和英國流亡。雖然它們與18世紀末倫敦最早期的神體一位論教會和團體之間沒有組織上的直接聯繫，他們早期的存在卻讓後期的發展變得可能。

正如塞爾維特一樣，蘇西尼是基於兩個理由，拒絕〈尼西亞信經〉和尼西亞的三位一體教條——聖經和理性。他相信並認為，正統信仰對上帝的「實體」與「位格」的區分是人工造成的，並不合乎邏輯，而且使古典教義陷於中世紀時期在經院式臆測中可見的種種荒誕言論。蘇西尼相信，權威的新教改教家和重洗派領袖，例如門諾．西蒙斯，沒有充分批判傳統教會及其神學，因此，宗教改革運動仍未完成。按照他及其跟隨者的看法，上帝在位格和實體或本質上，都完全是一位的，即使祂是以不同方式和不同名稱來彰顯祂自己(撒伯流主義、形態論)。蘇西尼的極端一神論的上帝，在知識和能力上也被認為是有時間性和有限制的(或自限)。蘇西尼認為，耶穌基督是一個人，在祂裏面彰顯了上帝的旨意和話語，以獨特的方式出現，而祂藉著復活和升天而被上帝提升至一個能力和管治的獨特地位(嗣子論)。他認為，耶穌基督是「真神」(*vere deus*)，只因為聖父在祂升天時與祂分享了權能。就像塞爾維特一樣，他把聖靈視為是上帝在世界的活動，而不是在上帝中的第三個獨特的位格(*hypostasis*)。

總的說來，新教宗教改革運動的主要分支(例如：信義宗、改革宗、安立甘宗、重洗派)拒絕了非三一論主義，包括像塞爾維特和蘇西尼等激進改教家所發展的反尼西亞神學。蘇西尼的神學（並且塞爾維特的某些方面通過它）在英國主要以「地下」的形式存在，直至18世紀末至19世紀初的所謂「啟蒙時代」，那時反對異端的法律已經被撤銷了，而神體一位論也可以組成一個獨立的教會組織。信義宗的認信條文（〈奧斯堡信條〉、〈協同書〉〔*Book of Concord*〕等）強烈肯定了一套必須的正統信仰：尼西亞的三位一體教義，包括「和子」一語。改革宗的認信條文和英國國教的〈三十九條宗教信綱〉（*39 Articles of Religion*）也是一樣。重洗派傾向漠視或拒絕高度形式化的詳細教義條文，不過主要的重洗派團體，例如門諾會、弟兄會和胡特爾弟兄會（Hutterites）總是採納三一論的，同時卻顯得沒有興趣辯論或維護三一論的要點或重申〈尼西亞信經〉，不論是否有「和子」一語。

在宗教改革運動期間，羅馬天主教會對於中世紀的三一論教義發展沒有甚麼貢獻。天特會議（the Council of Trent，1545～1563年）構成了所謂天主教反宗教改革運動（Catholic Counter-Reformation）的中心和高峯，主要集中於強烈譴責新教徒和新教的教義，例如無條件的揀選、不可抗拒的恩典，以及修正教會行政和做法的某些陋習。這個第19次的大公會議（按照羅馬教會的計算方式）的第三輪會議確認了〈尼西亞信經〉（包括「和子」）是基督徒信仰的基礎，並譴責所有拒絕它的人。到了宗教改革時期的結束，三一論來到一個受到忽略和淡化的階段。西方神學的焦點轉到救恩的問題和「現代性的腐蝕」（"acids of modernity"，科學和啟蒙哲學的挑戰等）。偶爾才有一個基督徒神學家或哲學家提出反對或維護三位一體的教義，當中甚少涉及任何真正新穎的東西。許多異議，例如由18世紀自然神論者（deists）所提出的，只不過是宗教改革時期蘇西尼或塞爾維特的舊調重彈而已。大多數的辯護，以及少量推論式或解經式的研究和提案的例子，都是重複早期教父或中世紀思想家講過的論點。當救恩論和教會論有長足的進展，屬靈觀也有新的發展時，三一論卻因著受到忽略或滿足於傳統的公式而了無生氣。

從大約1600年直至20世紀，三位一體的教義一直相對地較少被觸及。許多宗教改革以後的正統信仰神學家（新教和天主教）把它視為一個已經定案的課題處理，而且只是針對教派成員和啟蒙思想懷疑論者加以解釋和辯護，大多數反對的說法都沒有甚麼新意。這時期，很少（即使有的話）有關三位一體的重要論著出版。有時候，零星的基督徒神學家會撰寫一篇論文、小冊子或專著，處理這教義本身，或對上帝三一性的某些獨特層面，提出了一個新的問題，或暗示了一個新穎的或被遺忘了的觀點。在本段，我們將會集中於後宗教改革時期中，那些促成忽略三一論的主要基督徒思想家，以及暗示了某些新角度或觀點的人。至於那些滿足於只是重複或翻新和維護傳統教義的人，在此不會討論。

英國自然神論（deism）或「自然宗教」在17和18世紀的興起，對三一論提出了嚴峻的挑戰；大多數自然神論者認為，它即使不是非理性的，也是奧秘的、超自然的東西，而且是在文化中惹起宗派爭鬥的原因之一。這些對傳統教義的批評者，不少具啟蒙精神，他們都避免否認三位一體，因為褻瀆法會讓異端分子受到起訴。然而，他們關於「合理的基督教」（reasonable Christianity）的教導，不難見到有否認三一論教義的含義——至少根據理性，認為它在現代、啟蒙的基督教中沒有任何功用。在芸芸較有影響力的自然神論者，以及自然宗教和「合理的基督教」的擁護者之中，有洛克（John Locke，1632～1704年）、托蘭德（John Toland，1670～1722年）和廷德爾（Matthew Tindal，1656～1733年）。

在同一時期中，所謂「熱心的宗教」（enthusiastic religion，即敬虔主義〔Pietism〕和復興主義〔Revivalism〕）與新的自然神論懷疑式的基督教相反，強調「心靈的宗教」和「經歷基督」。敬虔主義者和復興主義者的領袖，例如施本爾（Philipp Jakob Spener，1635～1705年）、親岑多夫（Nikolaus Ludwig Count von Zinzendorf，1700～1760年）、約翰．衛斯理（John Wesley，1703～1791年）和愛德華滋（Jonathan Edwards，1703～1758年），對於三位一體的正統信仰公式甚少著墨。當自然神論者與理性主義者傾向有反尼西亞的態度，傾向完成教會與神學的改革時，敬虔主義者和復興主義者（福音教會信徒〔evangelicals〕）則傾向接納尼西亞正統信仰為一個「已知事實」，集中於對上帝與基督的經驗，而不是強調三位一體。他們中間只有少數人建議對三一論信仰作出輕微的修改，不過這些意見即使在他們的跟隨者中間，也不盛行。

最後，這一段忽視的時期，在古典自由新教神學的興起中達到高峯。現代自由神學之父是士來馬赫（Friedrich Schleiermacher，1768～1834年），而最具影響力的自由神學家是立敕爾（Albrecht Ritschl，1822～1889年）。他們及其跟隨者撇開基督教後使徒時期的教義發展，尋找「基督教的本質」。由於種種原因，他們傾向把三一論歸類為「基督教的希臘化」。自由神學家沒有公然否認三位一體的真理，卻把它看作是不恰當的推論。由於一切實際的目的，某些近似塞爾維特或蘇西尼對三位一體的教導，在自由派的神觀中勝過尼西亞的正統信仰。到了20世紀初，三一論已經陷入相當嚴重的貶抑中，若不是受到善意的忽視，就是遭到懷疑，認為它是快要成為在博物館中被灰塵覆蓋的神學課本的無用陳跡。

英國哲學家洛克往往被視為是現代、啟蒙哲學和自然神論的始祖之一。他在《談神蹟》(*A Discourse of Miracles*，1702年)一書中為神蹟辯護，顯示他本身不是一個自然神論者。然而，許多現代哲學和神學的詮釋者都把洛克視為一個影響自然神論興起的人，原因是他的小冊子《基督教的合理性》(*The Reasonableness of Christianity*，1695年)；這位英國哲學家在書中試圖證明理性與神聖啟示是一致的，反之亦然。在那過程中，對於許多人認為是較為神秘性的基督教信仰，洛克只是忽視而沒有公開的否定或拒絕。例如，洛克沒有維護過三位一體。讀者只要把《基督教的合理性》從頭到尾閱讀一遍，就可以推斷，對洛克來說，三位一體和基督的神性與人性(「位格的聯合」)的教義，不是合理的基督教的本質部分。洛克描述耶穌基督是彌賽亞，意思清楚地指祂是上帝所有先知中最偉大者，祂為上帝的旨意帶來一個完滿的啟示。對洛克來說，正如對許多啟蒙時期的基督徒思想家而言，「基督宗教不是依賴『臆測和挑剔、晦澀的用語和抽象的概念』，而是要求相信耶穌，其憑據是祂應驗預言和施行神蹟的方式。」[26] 或許是在無意之中，洛克為所謂「基督教自然神論」(由他的門生托蘭德和廷德爾及其英語國家的門徒所代表)尖銳地反抗尼西亞信仰的「自由思想」運動鋪路。為此，他主張真正的基督教總是與真正的理性一致的，即使當它超越了理性現今所能證明的。洛克把神聖啟示視之為理性的延伸，在本質上絲毫不會淩駕或抵觸理性。我們不得不懷疑，他認為早期教會的教義是不理性的，或至少超越了理性，不適宜包括在「合理的基督教」中。

洛克的忠誠仰慕者並自封為其門生的托蘭德，比洛克更進一步。在洛克的《基督教的合理性》面世一年之後，他出版了《基督教並不神秘》(*Christianity Not Mysterious*)。洛克想要藉著證明基督教是符合啟蒙理性，從而挽救基督教，托蘭德則似乎即使不是要推翻基督教，也是要破壞它的基礎——至少在基督教正統信仰的意義上。托蘭德聲稱自己是基督教會(天主教，然後是聖公會)的真正兒子，他認為徹底重新定義的基督教只不過是「自然宗教」而已——那是任何合乎理性的人觀察自然世界的證據之後，就可以並應該相信的東西，完全不用特殊啟示或信心。托蘭德的完全非神秘性的「基督教」，並沒有包括只有在神聖啟示中憑信心認識的概念，例如三位一體和道成肉身。在第一章中，這位自然神論者攻擊神聖啟示和教義的神秘性的「教義」為「某些人沒法解釋上帝話語的某些經文時，所知悉的避難所。」[27] 然後，托蘭德繼續批評正統基督教的那些結論，他認為那是不理性的(也包括所有超越理性的)東西，包括三位一體的教義，他把這類語言稱之為「學派的野蠻亂語」(barbarous jargon of the Schools)。許多學者已經提過，托蘭德對三位一體的處理與蘇西尼派十分相似，後者從波蘭(他們在此地已經成為一個受逼迫和被驅逐的小教派)進入了英國。對托蘭德來說，正如對於許多以後的自然神論者而言，真宗教——包括真正的(非神秘性的、理性的)基督教——只不過是理性的道德說教。按照理性服事上帝和人類，就是活出美善的生命，根本不用相信甚麼超越自然理性的神聖啟示的奧秘。

其中一個最具影響力的基督徒自然神論者是廷德爾，他的《基督教與創世同齡》(*Christianity as Old as the Creation*，1730年) 深深影響了神體一位論和自由思想在英國及其殖民地中的興起。廷德爾在牛津大學教書，是一位知名和深受尊敬的知識分子，當他在70歲高齡時，出版了他的經典著作。廷德爾的措辭最能表達自然神論的「自然宗教」：

> 有一項理性的法則，在任何外來的啟示以先，那是上帝也不能免除不去遵守的，不論是祂的受造物或祂自己；任何外來的啟示若是與它矛盾，不論是最小的細節或最細的要點，都不會是真確的。若然的話，我們又怎能肯定在啟示中的任何事物是真的，直至我們理解，藉著那認識，那是上帝賜給我們來分辨事物的真理；不論它是否與這個永恆不變的法則一致。[28]

按照廷德爾的看法，宇宙的理性在最佳的情況下，是可以正如基本的基督教一樣達致同一的教導，故此後者是「如同創造般古老」。不論何時何地，人們若是在宗教和道德的事情上跟隨自然理性之光，他們就會發現構成基督教教導核心的原則。這些「不言而喻的概念」，例如一個全能永恆之神明的存在，以及人類根據「金科玉律」來生活的責任，都是所有宣稱為特殊啟示者的檢驗標準。不論是與它們矛盾，或是取代它們，對宗教來說，即使不是有害的，也是多餘的。按照廷德爾的看法，這包括了正統基督教會的古典教義，例如三位一體。真正的宗教只不過是包含了對上帝和人類的「合理的服事」(reasonable service) 而已。

不用說，啟蒙運動自由思想家的「合理的基督教」所留下的基督教真正特色甚少。在他們的手中，基督教變成了一個模糊的有神論，視耶穌基督為一個至高(即使並非不能超越的)的道德先知。他們蔑視三位一體的教條，因為它似乎與普遍理性互相矛盾，而且被認為是對道德甚少或毫無助益。洛克、托蘭德和廷德爾等人的影響力，在英國和北美受過教育的知識分子精英中極深而廣，並且傳遍歐洲大陸，在那裏，同樣的宗教思想是由法國和德國的啟蒙思想家所提倡，例如勒新(G. E. Lessing)和伏爾泰(Voltaire)。這一切造成了三一論的萎靡不振——部分(至少)是因為尼西亞三一論基督教的正統信仰維護者充其量只是淡而無味而已。他們傾向只是肯定教會及其教導的傳統，卻沒有為它們呼入新的生命。雖然18世紀的歐洲和英國爆發了幾場所謂「三一論的爭論」，三一論卻變得毫無生氣。

與自然宗教和自然神論同時出現的，就是在西方(尤其是新教)基督教中出現了所謂「熱心的宗教」。在17和18世紀的神學和教會生活中，「熱心」(enthusiasm)一詞是一種羞辱。它差不多等同於「迷信」(fanaticism)，而且是理性主義者和維護正統信仰者針對敬虔主義者和復興運動者的中傷，後者強調宗教經驗多過理性的道德觀或神學的正確性。另一個用語是「福音教會信徒」(evangelicals)，經常用作那些強調在悔改和靈修中經歷上帝和基督的新教徒的標籤(現在仍是)。其中一個最早期和最具影響力的人是德國貴族親岑多夫，他是一個新教敬虔主義團體莫拉維亞弟兄會(Moravians)的領袖。親岑多夫是德國敬虔主義的奠基者、信義宗牧師和改教家施本爾的教子，他在哈雷(Halle)的敬虔主義大學中唸書，受教於偉大的敬虔主義領袖富朗開(August

Hermann Francke）門下。親岑多夫相信，薩克森（Saxony，德意志的一個州）的信義宗國家教會已經陷入了枯死的正統信仰和崇拜的形式主義中，他容許莫拉維亞弟兄會留居在他的莊園中，對於他們完全以耶穌為中心、經驗性的崇拜和委身的生活深深感動。雖然他們的社區被稱為「海爾亨特」（Herrnhut，「上主的看守者」），而且他們往往被稱為「海爾亨特派」（Herrnhutters）或簡稱「莫拉維亞弟兄會」，他們的正式名稱卻是「弟兄聯盟」（拉丁文是"Unitas Fratrum"）。親岑多夫成為他們的監督（bishop），帶領他們進入信義宗的教會派系，雖然他們在他之下是維持著半自主的。在21世紀初，莫拉維亞弟兄會的教會仍然存在於多個國家中。

親岑多夫不是一個系統神學家。他是一個講道家和宣教推動者，不過他研究神學是為了在國家教會中取得作為牧師的認可，而且他肯定正統的、尼西亞的三一論，同時強調「耶穌的心靈經驗」（現代福音派基督徒稱之為「與耶穌基督的個人關係」）過於正統的教義。他甚少運用高度抽象的神學系統，或抽離上帝在救恩中給人類的好處，臆測上帝的內在生命（「赤裸的上帝」〔"naked Deity"〕）。在許多方面，他近似文藝復興和宗教改革時期的神秘主義者。他沒有迴避教義或道德，認為真正的基督教是環繞對耶穌基督和聖靈的個人和羣體經驗。早期敬虔主義者對三一論惟一真正的「貢獻」（假如它可以說是），就是親岑多夫的異常習慣，在談論和向聖靈禱告時，稱祂為「母親」，而且對聖靈用陰性代名詞。即使在他自己的莫拉維亞弟兄會跟隨者中間，這也是有爭論的，而且在親岑多夫死後很快便被拒用，只有在20世紀，某些新教神學家在尋找方法吸納關注三一性用語和禱告的婦女主義者時，才重新流行。

親岑多夫喜愛提到三位一體是「神聖的家庭」，而聖靈是「我們親愛的母親」。諸如此類的語句在他幾篇刊行的講章中（從來沒有完全被翻譯成英文）出現。[29] 在回應對這做法的嚴厲批評時，親岑多夫出版了一些講章和對話，試圖顯示「聖靈的母性職事」既合乎聖經，也與基督教傳統一致（至少是部分），因為它沒有試圖給予聖靈一個性別，而只是談到聖靈在賜予基督徒重生之後，餵養基督徒靈命的功能。親岑多夫對一切談論內在的或本質的三位一體保持距離，而且約束自己談及經世的三位一體。他認為前者是深不可測的深淵，完全超越人的理解或言說（而且還沒有被認知）。至於後者，他認為是三一論用語在講道、禱告和靈修生活中的真正焦點。不過，親岑多夫也辯稱，當他提到聖靈是基督徒的「實在的和真正的母親」時，他不是在「類比性」地說，而是「在本質上」說的。[30] 換言之，這等用語——就像上帝是我們的父，聖子是我們的兄弟和新郎——既不是隨心所欲，也不只是主觀的，而是「真正基督教的」（authentically Christian）。親岑多夫這句話既是指忠於聖經，也「對心靈有益」。他也在基督論的基礎上，證明以母性的用語稱呼聖靈是恰當的。換言之，就算是他自己，這位伯爵在維護他對聖靈的臆測和用語時，也難免用了某些系統神學。例如，倘若在道成肉身的「奇妙交換」（wonderful exchange）中，以及藉著在基督裏的信心，基督徒擁有基督的一切，那麼在馬利亞的腹中「孕育基督」的聖靈，她**在關係上**（relationally）也便成為基督徒的母親。最後，親岑多夫訴諸於路德，使他的批評者啞口無言。他指出，路德寫道：「我們對於聖靈的本質或實體不是想有激烈的爭論。聖靈的正確定義和啟示，是祂為我們的保慰師，安慰我們，就像母親安慰她的兒女一樣。」[31] 正如親岑多夫的一個現代詮釋者指出：

> 總之，在路德和富朗開的影響之下，親岑多夫認為聖靈對待耶穌是扮演了母親的角色，這觀念合乎聖經。倘若稱聖靈為耶穌之母是合乎聖經的，那麼「快樂的交換」(happy exchange) 也是合乎聖經的，因此真正的基督教教導說，聖靈是基督徒和基督徒羣體的母親。[32]

當然，親岑多夫被他的批評者指控為三神論的異端，原因是據説他有把性別的區分(即使沒有性愛的行動！)引入上帝本身的錯謬。上述指控似乎忽略了這位伯爵堅拒抽離上帝在歷史中與我們的三一關係，來侵入內在三一的生命，或上帝「在其自身」(Godhead "in itself")。他肯定了〈尼西亞信經〉和〈奧斯堡信條〉，以及早期教會和改教家的其他三一論記號(認信條文)。他從沒有質疑上帝作為一個永恆實體的統一性，或三位一體眾位格的相等。他贊同並運用三位一體的位格「互滲互存」(perichoresis) 的觀念，用來指祂們的「互相內在」(coinherence) 或互相滲透。親岑多夫的批評者似乎從來沒有充分理解，他所説的只是經世的三位一體，以及三個位格在救恩歷史中的各自職分或功能。在對親岑多夫的三一論用語是潛藏了三神論的指控中，惟一有可能真確的，就是他暗地漠視或拒絕上帝在一切活動中的絕對不可分割 (*opera trinitatis ad extra indivisa sunt*) 這個古典概念。顯然，他喜愛一個三位一體的社羣性模式，多過是較傳統的奧古斯丁式心理性模式。他甚少談到他認為是內在三一性關係的受生（generation）和發出（procession）等臆測性教義，至於在〈尼西亞信經〉中有爭議的「和子」一語，他主張對有和沒有那用語都加以肯定。換言之，當要面對上帝內在生命的問題時，他是訴諸於某類「虔誠的不可知論」（reverent agnosticism）。

現代福音派新教最偉大的「熱心者」之一，是新英格蘭牧師、哲學家、神學家和多才多藝的學者愛德華滋。愛德華滋把學識和屬靈熱心結合在一起，是他在基督教思想史中特別讓人感興趣的特徵之一。換言之，他是一個「理性的熱心者」。在教會歷史中，一般人對愛德華滋最熟悉的是他的講章〈罪人在震怒的上帝手中〉（"Sinners in the Hands of an Angry God"）；這篇講章在新英格蘭許多公立學校的美國歷史和文學課程中，作為清教徒講道風格的例子而被閱讀和使用。許多人對愛德華滋只有這麼少的認識，因而會誤以為這個人是一個瘋狂的「地獄之火和硫磺的講員」，對於理性和哲學甚少興趣。然而，事實上，愛德華滋顯然是當時新英格蘭最博覽羣書的人，並就不同課題撰寫了深奧難懂的論著。他浸淫在洛克的經驗哲學中，而且緊貼神學、哲學、科學和倫理的一切最新發展。但同時，他是1740年代被稱為大覺醒（Great Awakening）復興的一個領袖，也是一個熱誠的加爾文主義者。

大體上，愛德華滋對於三一論沒有甚麼新的貢獻。他的神學著作集中於人的墮落、上帝的主權、原罪和救恩等問題。他的講章和神學論著遍佈了三位一體的正統信仰暗示。他的神學從未被指責有任何削弱或逾越了尼西亞整體的地方，縱使他的公理宗主義（Congregationalism）使他有別於認信主義（confessionalism）。換言之，他是有機性和功能性的尼西亞，即使他沒有實踐或要求在按立聖職或加入教會時宜認信經。愛德華滋對於三位一體的微妙問題的具體觀點，例如「和子」，以及道的受生和聖靈的發出之間的分別，我們所知甚少。然而，他撰寫了一篇短小精悍的作品〈論三位一體〉（"An Essay on the Trinity"），其確實撰寫日期不詳。這篇文章沒有對古典奧古斯丁三一論有甚麼特別觸目的新亮光或修訂，但在一個反尼西亞的自然神論興起的時代中，它卻代表了對三一論的**合理性**的出色辯護，而且它出色而清楚地表達了奧古斯丁式的三位一體心理性類比。

愛德華滋在文中提出了兩個指導性的原則。首先，他告誡說，該文的目的不是要解釋三位一體，「好讓它不再是一個奧秘」。[33] 他堅稱，三位一體是一個深不可測的奧秘。第二，另一方面，他肯定「我們的自然理性足以告訴我們，在上帝裏是有這三位的，而且我們不能再想像有更多。」可見，愛德華滋保持一腳穩踏在古典基督教傳統對三位一體的終極奧秘的肯定，而另一腳卻穩踏在當代啟蒙思想對自然宗教的關注。按照良好的奧古斯丁式－安瑟倫式的方式，愛德華滋視上帝的三一奧秘為必須要被啟示才可知悉之事；它永不能被完全領略，卻是完全符合正確理解和運用的人類理性。他對三位一體的論著，代表了對諸如托蘭德等自然神論者的回應，後者在當時開始質疑基督教教義（例如三位一體）的合理性，因著它們是違反了真正理性的假設，而想把它們丟棄。

正如奧古斯丁一樣，愛德華滋是從上帝作為思維或思想的概念來論述三位一體的。就像聖維克托的理查德一樣，他是從上帝作為愛的概念來論述三位一體的。然而，在最後的分析中，愛德華滋的類比是近乎奧古斯丁的心理性模式，多過是理查德的社羣性模式。愛德華滋認為：「神聖理解與智慧的總和，在於祂對祂自己有一個完美概念，祂的存有實際上就是一切：包含一切在內的存有（the all-comprehending being），——祂就是這樣，而且沒有其他。」[34] 然後，這位清教徒主張，某人本身的一個完美概念，必然是某人本身的對象，因而把對偶性（duplicity/duality）引進上帝裏面。上帝有的乃是祂本身（God has of himself）的這一概念，對上帝本身（God himself）和上帝的他者（God's other）都是必須的。從上帝的思維默想和注視自己的思想過程中，愛德華滋總結說：「上帝藉此而真正受生和再現。」聖子是上帝本身的思想，為一個獨立的實體（位格），而聖靈是聖父與聖子分享的相互之愛和喜樂。愛德華滋宣稱，完全合理的三一論因而是：

> 我認為，我們從聖經讀到神聖三位一體的情況如下。聖父是以首先的、無始的和最絕對的方式存在的上帝，或是在其直接存在的上帝。聖子是由上帝的理解（understanding）而受生的上帝，或聖子是上帝本身的理念（idea）並在那理念中存在。聖靈是存在於行動中的上帝，或在上帝對祂自己無限的愛及喜樂中流出和呼出的神聖本質。而我相信，整全的神聖本質是真實而分別地存在於神聖的理念和神聖的愛中，祂們每一個實際上都是獨立的位格。[35]

愛德華滋認為，三重的區分在上帝獨一不分割的存有中，是某些單以理性就足以說明的東西。假如上帝是智性的（intelligent）、位格性的（personal）和自存的（self-existent），那麼在上帝裏面必然是三，而且只有三個有區別的「實物」(real things)。倘若愛德華滋的論證有效，那麼它就摧毀了自由思想家和自然神論者宣稱上帝三一性的教義是神秘的，因而不合乎理性，故此並不是真正宗教(有神論)的本質。對於愛德華滋來說，真正的有神論——更不必說是啟示性的基督教——必然是三一論的。愛德華滋在基督教思想史的一個重要關頭，試圖為受到忽略和否定的三一論吹入新的生命。不幸地，他的論文沒有廣泛流傳或受到討論，而且當愛德華滋因天花接種的併發症而早逝時，有謠傳指這篇文章顯示作者正在離開三位一體的信仰。顯然，這樣的謠傳完全沒有事實根據。

自由新教神學的時代始於士來馬赫，他的系統神學著作《基督教信仰》(*Christliche Glaube*，1830年)被稱為是「除了加爾文的《基督教要義》之外，包括了新教神學所含一切教義範圍的最重要著作」。[36] 不過，這部新教神學的偉大經典把三一論併入類似附錄的「結論」中，作者在其中暗示，撒伯流派(形態論派)對上帝三一性的觀點，可能較能解釋三一論所建基的新約的說法，也較能滿足基督教羣體的宗教需要。毫無疑問，士來馬赫對三一論的漠不關心，以及他對一個三一論異端所暗示的贊同，導致三一論至少在下一世紀的新教神學中受到進一步的忽略。

士來馬赫在一個深受莫拉維亞弟兄會運動影響的敬虔派家庭中長大。然而，在大學中，他受到康德(Immanuel Kant)的批判哲學，以及自然神論者和自由思想家的自由主義宗教思想所影響。當他擔任牧師和學者期間，在普魯士國家教會中擔當要職，那是信義宗和改革宗的聯合教會。他協助建立柏林大學，牧養柏林的一間主要教會，出版了許多討論不同哲學和神學課題的書籍和文章，在當時被視為是最具影響力的人之一。讓士來馬赫成為「自由派」(liberal) 的，是他視教義上的正確性次於普遍人類的「上帝意識」(God-consciousness)，後者是一種絕對倚賴上帝的感覺。在浪漫主義的影響下，他相信基督教教義必須經常在新文化知識的亮光中，容許修正和重構。故此，士來馬赫認為，教義永遠只是人類嘗試把宗教的感覺和經驗以言辭表達出來的東西而已。他也把聖經的權威相對化，置於感覺 (*Gefühl*)——普遍人性對完全依賴某些諸如上帝般的無限者之意識——這「先驗的宗教性」(religious a priori) 的蓋頂石 (規範) 之下。

雖然士來馬赫有修正主義者的取向，他充分關注基督教傳統高抬上帝的本質的統一性，以耶穌基督為基督教羣體的信仰根本。換言之，他是非常以基督為中心的，即使他對耶穌基督位格的教義，缺乏「位格的聯合」的正統教義。士來馬赫以自己的方式，試圖維護基督徒對耶穌基督的至高地位之主要直覺認知和信奉，視祂為在祂的意識中獨特地與上帝本身的本質聯合的人。這位德國神學家在三一論的討論中主張，三一論的真正源頭和價值，在於耶穌基督裏的神聖本質完全等同於神聖本質的本身。然而，他繼續提出關於三位一體教義在教會歷史中闡述的嚴重問題，而且認為在某些地方，那過程是逾越了合理的宗教言辭的界線，因為「在至高存有中有一個永恆區分的假定，並不是一個涉及宗教意識的表達方式，因為那是永不可能出現的。」[37] 士來馬赫的意思顯然是，三位一體完全成熟的正統教義——包括上帝在永恆中的內在三一性的觀念——純粹是根據聖經中之神聖啟示和在基督徒之上帝意識中的材料而作出的不合理臆測。他在《基督教信仰》的「結論」中指出，耶穌基督和教會之教義的「主要中樞」(必要的真理)，是不用依賴三一論的(意思是後者沒有那麼重要)，正統信仰的三一論受到內在的張力和矛盾所困擾，而三一論在新教宗教改革運動中沒有得到「新的處理」(fresh treatment)，故此可能需要在初代基督教羣體最早期的亮光下作出轉化。因著諸如此類的理由，士來馬赫發現三一論是有缺欠的，並認為撒伯流主義(至少)可以成為基督徒按照基督教啟示基本事實而發出的一把聲音，正如尼西亞的選擇一樣。士來馬赫大概不會認為「反尼西亞者」等同於塞爾維特、蘇西尼或自然神論者。然而，他認為當時在英國和北美新出現的神體一位論運動應被承認為「並非缺乏明確的基督徒印記」(上帝意識或真正敬虔的)，只因為其擁護者不能接納三一論所具的難題和缺點。[38]

至於對那些仍然想要留在英國和北美的國家教會和新教主流宗派的基督徒來說，士來馬赫對基督教教義的修正和重構，代表了容許質疑古典的教義公式，諸如尼西亞的三一論，而沒有加入公開反對古典基督教的極端團體。士來馬赫的神學是明確地以基督為中心的，在某程度上與基督教自然神論、神體一位論，或在新教極端教派上生長的細小反尼西亞教派不同。它是訴諸於許多「宗教的文化鄙視者」("cultured despisers of religion"，這是士來馬赫的用語，指那些重視無限的敬虔，卻拒絕正統教義的文化精英)，他們愛耶穌基督，卻不喜歡基督教傳統的外衣。

新教自由主義另一個最重要的神學家是立敕爾，他的《稱義與復和的基督教教義》(*The Christian Doctrine of Justification and Reconciliation*，1870～1874年)深深地影響了歐洲和北美一代的新教思想家：「自從士來馬赫在1821年出版了他的《基督教信仰》〔初版〕，沒有任何教義論著可以在德國和全世界中留下了如此深刻的印記。」[39]

立敕爾投身於發現基督教真正本質的工程，並相信那就是耶穌基督所教導的上帝國度。這是一個地上的、歷史的和社會的實體，以人與上帝和人與人之間的復和為標誌。立敕爾受到哲學家康德及其門生洛采（Herman Lotze）的影響，相信真正的宗教是由價值組成的，首要關乎的是倫理的關係。他區分了兩類的主張：「事實的判斷」和「價值的判斷」，而他認為宗教（包括基督教）只關注後者。因此，由於物自身（things-in-themselves，康德的「智思界」〔noumena〕）是在人類的理性和知識之外，而且因著真正的基督教只是對於價值觀（關心應當如何，而非它是甚麼）感興趣，基督教的本質就不可能置於對上帝－在－上帝自身（God-in-Godself）的形而上臆測或教義，而只在於上帝對人類和在人類倫理生活中的好處。立敕爾及其跟隨者試圖實現完全的「教義的道德化」（moralizing of dogma），以致只有有價值的基督教教義，即那些以上帝的國度為歷史中之社會理想的教義，才可以留下來。

那麼，對於在古典自由主義新教神學中的立敕爾及其跟隨者來說，三一論就沒有甚麼價值了，因為它與倫理生活沒有直接的關係，而且它與形而上的臆測糾結在一起。立敕爾認為，基督徒對耶穌基督的神性的認信，意思只不過是祂為我們的緣故有上帝的特質。立敕爾這樣說絕不是要降低耶穌基督對基督徒的重要性，而是想重新定義耶穌基督在非形而上、倫理的範疇中的獨特功能。立敕爾相信，耶穌基督先存於上帝的心靈中（他不管這是一個形而上的斷言！），祂的心意和行動永遠完全符合上帝的旨意。祂是上帝在歷史中對人類理想的體現和完全實踐。上帝的國度在祂裏面實現，並藉著祂傳遍世界。然而，這個功能性的基督論根本是不需要一個三位一體的，故此立敕爾認為，那教義並沒有特別價值。雖然立敕爾沒有完全否定三位一體，他實際上卻是以某類虔誠的不可知論對待它，顯然並不把它當作是真正基督教的本質。

立敕爾的門生，也是他的學術詮釋者和宣傳者哈納克（Adolf von Harnack，1851～1930年）建基在他老師的基礎上，試圖通過教會的神學發展傳統的批判性歷史分析，證明諸如三位一體與基督的兩性（位格的聯合）等教義是「教義的希臘化」（Hellenization of dogma）的結果，因而根本不是基督教福音的本質。立敕爾和哈納克深深影響了北美新教的「社會福音」（social gospel）運動，其中主要的神學家是饒申布士（Walter Rauschenbusch，1861～1918年）。饒申布士的鉅著在他逝世之前一年出版，題為《社會福音的神學》（*A Theology for the Social Gospel*），代表了立敕爾式教義道德化的一個例子，他在書中沒有提過任何沒法完全轉化成社會－倫理範疇的教義。饒申布士沒有公然否定或拒絕正統信仰的古典教義，他是把它們的形而上和（對他而言）臆測性的教義，以道德和倫理的表達方式取代。因此，耶穌基督的獨特神性是以這樣的方式解釋：

> 故此，我們在耶穌裏見到一個完美的宗教個性，其屬靈生命完全由一個愛的上帝的實現所充滿。祂的一切思維都置於上帝，也與祂同在。結果，它也專注於上帝的基本目標上，即上帝的國度。就像上帝這觀念一樣，這國度的概念既是耶穌

> 的遺產，也是祂的創造；祂接受了它，並根據其上帝意識而把它轉化。在祂的思維中，嚴苛和專制的元素浮出來，而相愛和團結的元素則滲入去。上帝統治的意思，變成是人類在愛的動力下有組織的團契。[40]

正如立敕爾一樣，社會福音神學家甚少運用三位一體與耶穌基督之兩性的教義。饒申布士極少提及它們。它們被視為是不切實際的，因而沒有甚麼用處——傳統的枯木就由它朽壞吧。極端保守的基要主義信徒跳出來維護新教的正統信仰，對抗自由神學興盛的浪潮；比起三位一體，他們更注重聖經權威、童女生子和基督在千禧年前再來等問題。在世紀轉折之間的這一切動盪之中，三一論變得衰弱無力。若要使它再次受人注目，賦予新的生命，就要有一場神學革命。只是這樣一個革命者的出現，沒有人想過會是一個名叫巴特的瑞士牧師，他開啟了基督教神學的一個新時代，復興了近乎被投閒置散的三一論。

4. 三一論在20世紀的復興

20世紀神學使人驚訝的大事之一，就是三一論思想在基督教神學中的復興和再生。在經過許多世紀的忽略和停滯之後，三一論不只成為在神學上叫人觸目和注意的新穎主題，也讓人深深著迷。那些想要繼續貶抑或忽視它的人，變成了少數派，而且發現他們自己是在逆流抗衡著排山倒海地論述上帝三一性的文章和著作。巴特（1886～1968年）啟動了這場復興，並由奧地利天主教神學家拉納（1904～1984年）擴展下去。德國／美國的思想家田立克（Paul Tillich，或譯「蒂利希」，1886～1965年）試圖在一個大體上是自由派新教的框架中，為上帝三一性的概念吹送新的生命。英國神學家霍奇森（Leonard Hodgson，生於1889年）修訂和更新了聖維克托的理查德和加帕多家教父的三位一體社羣性類比，德國神學家莫特曼（Jürgen Moltmann，生於1926年）更進一步發展了這類比。拉丁美洲解放神學家博菲（Leonardo Boff，生於1938年）試圖把三位一體聯繫於革命性的社會政治改變。東正教神學家薛斯奧拿（John D. Zizioulas，生於1931年）在20世紀結束時加入，撰寫了一部重要著作，把三一論與存有作為社羣的存有論（ontology of being-as-community）聯在一起。在這一切熾熱的三一論討論之中，出現了少數的聲音，反對在任何存有論的意義上把上帝視之為三位一體。英國激進神學家蘭普（Geoffrey Lampe，卒於1980年）致力把上帝淡化為靈的概念，撇除任何內在的三位一體的存有或身分。進程神學的新自由派起初試圖發展一套非三一論，即上帝的「兩極」（bi-polar）觀，後來逐漸開始嘗試發現在進程神學與三一論主義之間某程度上的協調。這項計劃的一個領導人物是皮滕傑（Norman Pittenger，生於1905年）。即使有自由派神學陣營的聲音，但在20世紀最後數十年間，形勢緩慢卻無情地改變，以致湧現了基督徒重新發現並反省三位一體的浪潮。或許溫和的婦女主義天主教神學家拉庫娜（Catherine Mowry LaCugna，1952～1997年）是這方面最好的例子，她撰寫了一部解釋三位一體的鉅著，書名是《為我們的上帝：三位一體與基督徒生命》（*God for Us: The Trinity and Christian Life*），在這世紀的最後十年出版。更多的名字和作品可以一提，說明20世紀三一論思想在基督教神學中的復興，不過要有足夠的篇幅才可作介紹。本書附錄的評註書目，收錄了其中最重要的作品。即使是這些挑選出來的20世紀三一論思想家，也只有最重要者才可以在本書中較詳盡探討。在下文中，我們將會概述幾位對20世紀三一論思考復興有重要貢獻的思想家代表。

無疑，巴特是20世紀最具影響力的基督教神學家。他的羅馬書註釋作品（*Der Römerbrief*，1919年）彷彿是在新教自由派神學家的場地上投下的一顆炸彈。該書的論旨是上帝就是上帝——巴特相信，這是自由派神學家已經忘記了的事。在確立重新強調上帝的超越性之後，這位瑞士神學家著手一項一生之久的計劃，復興一套完全是建基於上帝的話語（沒有任何基要主義）的神學，以《教會教義學》（*Church Dogmatics*）為書題撰寫，在1930年代初至1960年代初出版。這套13冊的系統神學作品的結構是三一論式的，首冊是反省基督教信仰在上帝話語中的基礎，以及上帝話語的三一論性質。按照巴特的看法，上帝的話語（神聖啟示）具有**啟示者**（revealer）、**啟示的內容**（revelation）和**使啟示生效者**（revealedness）等形式。換言之，上帝是在祂的話語中「重申」祂自己。倘若啟示真正是**上帝的**啟示，那麼它必然在某些方面是上帝的本身。巴特的啟示觀點被稱為「實在論」（actualism），並限定：上帝**之所是乃其所為**（God *is what he does*）。上帝在耶穌基督、聖經和教會的福音宣講（上帝話語的三重形式）中的自我彰顯背後，再沒有「隱藏的上帝」。相反地，當上帝的話語顯現時，上帝就在那裏。假如上帝的話語具有啟示者、啟示的內容和使啟示生效者的結構，那麼上帝必然也是父、子和聖靈的三位一體。

藉著把上帝的知識聯於作為上帝自我彰顯的啟示，以及把啟示不可避免地聯於三位一體，巴特刺激了對上帝三一性教義的新興趣。在《教會教義學》的較後書冊中，這位辯證神學家繼續進一步發展他的三一論思想。他把道成肉身描述成是上帝的兒子前往遙遠地方的旅程，並且把那旅程帶進上帝的三一生命中，這點被某些人認為是基督教神學的一次「量子跳躍」(quantum leap)。巴特在復和的教義中(尤其是在 *CD* IV / 1)，藉著假定聖子的旅程就是上帝本身的旅程，把內在的三位一體和經世的三位一體連在一起，而聖子在誕生、生活和死亡中的謙卑，乃是上帝的超越性的一種表達方式。上帝在聖子的人性中得到提升。在這一切之中，巴特沿著三一論路線徹底改革所謂「古典基督教神論」。對於巴特來說，上帝的存有是歷史性的，意即上帝的兒子在世界歷史中的方式和聖靈在時空中的傾倒出來，是在上帝本身生命中的事件。巴特的教義提出了許多關於上帝與時間和歷史之關係的問題，而且在典型的辯證方式中，他似乎肯定了對立的情況。然而，不用置疑，他對三一論的深邃而有創意的探討，有助引領當代神學再次對它感到興趣。

巴特的其中一個具爭議性的建議，是他在論到三一性的區分時，喜愛說「存有的形態」(*Seinsweisen*; "modes of being")。巴特認為，「位格」一語意含著對父、子和聖靈之間的差距過大。"persons"(位格)這個英文字是希臘文 *hypostases* 的劣拙翻譯。巴特想要避免三神論，而且他肯定較傾向奧古斯丁的三位一體心理性類比多過社羣性類比。這加上他強烈傾向從啟示的事件性(eventfulness)來描繪上帝的三一性，使得某些批評者指責他暗含形態論。形態論在巴特事業的最早期可能危及他的三一論，但他後期的思想(例如：參 *CD* IV / 1)卻完全避開了它。「上帝的兒子前往遠方國度之路」(“The Way of the Son of God into a Far Country”，參 *CD* IV / 1)非常清楚地顯示，巴特承認父、子和聖靈有真正的、存有上的區分。對於巴特的正統思想和他對早期教會尼西亞信仰的信奉，可供懷疑或爭議的地方十分少。

在天主教神學中，拉納是巴特的志同道合之士。他無疑是當代天主教會中最富創作力的作家和最具影響力的思想家。他參與領導1960年代初的梵蒂岡第二次大公會議(Vatican II)，而且在大會之後直至1980年代初他逝世之前，繼續致力改變教會的思想和生活。他所出版的論文和文章，填滿了超過20冊的《神學探究》(*Theological Investigations*)。它們許多都是關乎三位一體的教義。然而，他對這教義的最著名和最具影響力的專論，簡單地題為《三位一體》(*The Trinity*)。此書觸發了天主教和新教對內在的和經世的三位一體的專論排山倒海地出現，而且點燃了對「位格」一詞作為三一性區分的爭論。

拉納最有魅力和經常被引用及查考的公式語，是「經世的三位一體是內在的三位一體，而內在的三位一體是經世的三位一體」。[41] 當代神學家稱這句話為「拉納定理」(Rahner's Rule)。拉納關注到，過分注目於上帝的內在生命，尤其是上帝存有的統一性(「簡單性」)，會導致教會忽略三位一體，以及它與救恩論在本質上的聯繫。他藉著證明三位一體與救恩的關係，想讓三位一體更為實際。他的目標是防止或勸阻一切與救恩無關(包括基督徒生活)而對內在三位一體的臆測。他相信，談論上帝的內在三位一體的存有之惟一目的，就是防範把上帝融入歷史中，並且維護上帝的超越性與救恩的恩典性。然而，內在的三位一體必須被視為(可以說)是經世的三位一體的「背景」，而經世的三位一體必須被視為是內在的三位一體的外顯工作。上帝存有的三位一體在救恩的經世中是甚麼樣子，必須被視為是上帝在祂自己裏面 (God-in-himself) 的真實情況；而上帝在祂自己裏面的真實情況，必須被視為是由道成肉身和聖靈的差派所影響的 (而不是構成)。

拉納留意到，「位格」的概念可能不是最適宜於忠實地表達在上帝的三一性生命中的區分。在《三位一體》中，他認為按照中世紀哲學家波伊丟斯的定義「一個理性本性的個別實體」來使用「位格」一詞，難免會誤導人們以為三位一體是「三個個體」。拉納認為 (緊隨至少是奧古斯丁的其中一股三一論思想)：「不是有三個意識〔在上帝裏面〕；而是一個意識存在於三重的方式中。在上帝裏只有一個真正的意識，由父、子和聖靈所共享，各自在祂自己的恰當方式中。」[42] 拉納所關注的，是避免把「位格」(person) 當作「主體」(subject) 的現代、啟蒙觀點注入三位一體的三重性之中，他認為這觀點必然具有三神論的含義。波伊丟斯的定義由啟蒙運動的思想家復興和強化；「位格」逐漸變成是意指「自我」(self)，把其定義為相對於其他的自我，作為「個體意識的中心」(center of individual consciousness)。相對於這樣的發展，拉納建議把父、子和聖靈的區別描述成「實存的獨特方式」(distinct manners of subsisting)。因此，是「獨一上帝實存於三個實存的獨特方式」。[43] 拉納承認，這用語是「形式化的」，卻認為它並非不及其他較傳統的用語，例如「關係」甚至「位格」。他相信，它的優點在於不易暗含本質或主體性有多重性的意思。

拉納和巴特對20世紀三一論思想的影響，斷不會受到過分高估。他們以各自的方法，批判新教和天主教忽視了這教義，以及某些傳統的公論。他們也提出了建設性的意見，修訂了上帝的三一性，而且奠下了進一步建構和回應的基礎。有一個神學家同時以兩種方式回應——建設性和批判性——而且對在20世紀神學中的三位一體，提出最具爭議性的洞見，他就是德國新教學者莫特曼。莫特曼力圖盡可能最徹底地提出基督徒的上帝的三一**論**說明，並把他對三位一體相當有啟發性、有時帶有臆測性和差不多是神秘性的概念，編寫進他整套神學著作中。《被釘十字架的上帝》(*The Crucified God*，1973年)和《三位一體與國度》(*The Trinity and the Kingdom*，1981年)是他最具創意和影響力的著作。在上述及其他著作中，這位杜平根神學家建基於巴特對上帝存有的三位一體的動態概念(上帝為行動，以及上帝的存有是祂在我們中間所做的事)，以及巴特以基督為中心的焦點和強調(上帝是由耶穌基督定義的，尤其是十字架事件)，同時卻強烈批判這位瑞士神學大師，據稱他主觀地把上帝的存有作出一元論式的確認。莫特曼建基於「拉納定理」把內在的與經世的三位一體等同(或至少永不分開)，同時批評任何削弱位格的區分的嘗試。按照他的看法，巴特與拉納相當強調上帝的存有和意識的統一性，那是偏離了他們的真正意圖，就是把三位一體堅固地建基於上帝的話語(巴特)和救恩的經驗(拉納)上。

在《被釘十字架的上帝》中，莫特曼把三位一體的意義置於耶穌基督的十字架事件中。他跟隨路德，認為「十字架神學」是基督教神學的真正核心，這裏的意思是，任何與十字架不一致的東西，就必然不會被上帝的存有所肯定。上帝為我們在耶穌基督裏定義祂自己，特別是在祂的死亡中。「這樣的意思是，上帝(祂自己)在耶穌裏受苦，上帝祂自己為我們在耶穌裏受死。上帝在耶穌的十字架上是『為我們』的，並藉此成為無神和被神所遺棄的上帝和天父。」[44] 諸如此類的說法，作者是建基於巴特所強調的上帝在行動中的存有：**上帝是那位在我們中間所成之事者**（God is who he is among us in what he does）。假如基督的十字架是上帝的拯救事件和行動，那麼上帝就是由它所定義的（自我定義！）。故此，按照莫特曼的看法，這意味著上帝是三位一體的，而且完全是這樣的。他被批評為復興了「聖父受苦論」（patripassianism）的古老異端，並且陷入了三神論，因為他把十字架事件相當嚴肅地視為一件**在上帝生命中的事件**（event in the life of God）。換言之，對於這位德國神學家來說，不知怎的（違反直覺地，吊詭地），上帝的三一生命根本是由十字架事件構成的，因此在上帝裏面有「靜止」或「衝突的時刻」。聖子（耶穌）呼喊被遺棄、聖父拒絕了負上罪擔的聖子，以及聖靈從這破碎中發出，承受被罪支配的世界的苦楚與患難，就不只是隱喻，而是上帝的生命在歷史中的事件，因而（按照拉納定理）是上帝的生命在永恆中的事件！

莫特曼的十字架三一論神學，至少部分是試圖建構性地處理20世紀的邪惡和無辜者受苦等重大問題。當孩童在大屠殺中遇害時，上帝在哪裏呢？答案是「在他們受苦的十字架上」。祂與他們一起受苦。上帝是「被釘十字架的上帝」，因而是三位一體的。上帝要在祂裏面經歷失去羣體的苦楚，為的是承擔和醫治在祂的世界中的羣體破裂（brokenness of community）。這不是古典的哲學性神義論，而是訴諸於許多人在充滿殺戮的20世紀中，他們相信證明上帝之道是公義的惟一方式，就是上帝與無辜者一同死去，並且是代表著他們死去。對於莫特曼來說，上帝是在基督裏和在祂的十字架上這樣做的，而且祂之所以能夠這樣做，是因為祂是三位一體的——是三個有區別的位格的真正羣體，祂們可以經歷彼此之間的愛和從愛而來的痛苦。

莫特曼在《三位一體與國度》中，較完整地提出他的三一論反省（可能某些人會說是較為條理分明）。他在此把三位一體與上帝國度的主題交織在一起，而且試圖顯示出上帝作為上帝的完美統一是終末性的。那是站在人類歷史作為上帝目標的末端。雖然上帝無疑必會達到那目標，並且是（以某些吊詭的方式）已經在「那裏」，祂作為祂的愛的完美統治的力量而在那裏，而歷史卻是正在藉著父、子和聖靈在與人類的罪惡、苦難和救贖互動的階段和模式，揭示上帝本身的三一性契合羣體。在上帝國度的這個三一性歷史中，每一個位格都有本身的貢獻，有祂本身的「歷史」，既涉及祂與世界的關係，也涉及祂與其他人的關係。對於莫特曼來說，聖子的神性是藉著依靠聖父和聖靈而來的，目的是為了建立國度。不過，聖父和聖靈是從聖子衍生出祂們的神性。所有三個位格，在國度的工作中是互相依賴的。莫特曼發展了一套非等級性的三位一體模式，抗衡著支持「聖父的統管」(monarchy of the Father) 的神學，也反對「和子」一語及與它相關的把聖靈明顯從屬於聖子的神學。在《三位一體與國度》中，作者差不多是完全拒絕整個內在的三位一體，至少是把它融化在國度的歷史中。然而，有時他會提到將來同時是上帝的能力和內在的三位一體所在之處。那麼，至少從我們的觀點看來，即使不是來自上帝本身的觀點，只有三位一體的**現今**（「在歷史中」）才是經世的三位一體。當「上帝是臨在於一切之中」（"God is all in all"；

譯按：此語源自林前十五28，《和合本》譯「〔上帝〕為萬物之主」）時，內在的三位一體就是父、子和聖靈的終末性合一。

莫特曼三一論的整個反省主要是針對一點：把三一論思想從「屬天和永恆的三角關係」（heavenly and eternal *ménage-à-trois*）重新轉向歷史、掙扎、罪惡、痛苦和死亡的世界。莫特曼說，在這一切困境中，上帝真的是與我們同在。不過，只有當祂受苦和死亡時，祂才會真的是與我們同在；而只有當祂是一個「向世界開放」的羣體時，祂才會受苦和死亡**並帶來祂的國度**。父、子和聖靈的三一羣體，乃是在與我們邁向將來的路途上所揭示的經世三位一體。

有些評論者指責莫特曼的神學是某種形式的「進程神學」。不過，這是不正確的；莫特曼相信上帝的「生成」（becoming）是祂的「歷史性」（historicity）而不是祂的「進化」（evolution）。莫特曼認為，上帝的受苦是祂自己選擇的，而上帝也從未描述祂自己是軟弱和無能的。上帝**自由選擇**藉著**愛的力量**行事，我們把這愛了解為在父、子和聖靈之間三一的愛湧流出來而至受造物之中。另一方面，進程神學認為上帝與世界的關係是**內在於**（intrinsic）上帝本身的存有。沒有世界就沒有上帝。對於進程神學來說，世界（宇宙）是上帝的身體，而上帝的真正生命經驗是由世界的事件所決定的。[45] 許多進程神學家從來沒有發展出一套三一論，而且對於這樣的計劃不大關心。其中一個例外是英國進程神學家皮滕傑，他在1977年的作品《神聖三一論》（*The Divine Triunity*）中，試圖把進程神學與三一論思想結合一起。與莫特曼不同，皮滕傑想要把真正的存有論的限制和改變引入上帝的存有中。以懷德海（Alfred North Whitehead）的進程哲學作為依據，這位英國神學家堅稱，上帝必不可以被視為世界進程的普遍形而上原則的例外，反而是這些原則的最重要範例。因此，假如萬物在與其他事物的關係中都有某形式的改變，那麼上帝在與世界的關係中，也必然經歷改變。皮滕傑致力協調這種上帝觀，使之基本上相關於並因而限制於聖經中所描繪的上帝：具位格的和慈愛的。按照他的看法，

> 上帝是三位一體這信念，為我們維護了神聖的奇妙和榮耀，為我們同時保證了位格性 (personality) 和社羣性 (sociality) 是建基於事物進入世界的方式，並且為我們的思維和心靈開啟了天地的愛，那愛創造了我們，向我們揭示了它自己，而且通過我們自己的回應(不論是如何殘缺和軟弱)，豐富我們的生活——並且加添喜樂給上帝自己的存有。[46]

然而，在最後的分析中，皮滕傑沒法提供一個既吻合進程神學，而同時可以遠離形態論的三位一體模式。對他來說，上帝本身最好被理解為是世界與我們的「宇宙情人」和屬天父母——就像進程哲學家懷德海的「知心的同受患難者」(fellow sufferer who understands)。上帝這父母是盡力吸引和勸服世界進程中的每一個真實事緣(actual occasion；「能量事件」〔“energy event”〕)，實現祂為它所設定的目標，不過上帝卻不能逼使它這樣做。故此，上帝在耶穌基督裏進入世界彰顯祂自己。上帝在耶穌這個人裏面的同在，被皮滕傑稱之為是上帝的「自我彰顯的道」(Self-Expressive Word)。同樣地，上帝在世界中行事是勸服式的臨在，吸引世界朝

向祂那和諧平安的目標。上帝在世界中的這行動，是上帝的「回應性行動」(Responsive Agency)。皮滕傑沒有內在三位一體的概念——不論是終末性的或其他的。相反地，他的上帝是一個至高和永恆的實體，以三個形態或功能內在於和朝向世界。即使是上帝的「自我彰顯的道」，也不只是限於耶穌基督的，雖然它是以一個特別的方式而集中於祂。皮滕傑沒有把上帝存有的這三個形態描述成是「位格」，而且難以這樣描述。儘管皮滕傑有良好的意圖，他卻始終沒法在進程的框架內提出甚麼東西，即使是接近古典三位一體的教義。這個對上帝三一性的近似形態論、進程式的理解，與莫特曼的終末性和以十字架為中心的三一論模式大相逕庭。

更接近莫特曼的基本三一論提案的，是20世紀中葉一位較早期的英國神學家。霍奇森在牛津大學教授神學多年，影響了一代的新教英語神學家離開三位一體的近似形態論或甚至是心理性的概念，朝向重新發現古代東方和維多利亞式的社羣性三位一體概念。他的《三位一體的教義》(*The Doctrine of the Trinity*) 是1942至1943年間著名的克羅爾講座 (Croall Lectures) 的出版物，他在書中致力以「當代思想」的用語 (其中一個層面是**經驗主義**) 來解說三一論。霍奇森認為，廣泛地以經驗為依據，查考基督徒在基督裏經歷上帝的宗教證據，就會得出一個上帝的概念，包括了新一類的**統一性**：「內在構造性的統一」(internally constitutive unity)，那是有機性的，而不是數學性的。霍奇森認為，

> 三位一體的教義因而是對上帝本性的一個推論，取材自我們相信是由上帝在這個世界的歷史中

所作的自我啟示所賜予的經驗性證據。我已經指出這證據，從在基督教教會的團契裏面看來，要求我們相信一個上帝，祂的統一性是聯合三者的活動，每一個都讓我們知道是一個獨特的位格，位格這個字詞在此的意義是毫無減損的。每一個都是祂 (He)，沒有一個是它 (it)。……我已經試圖顯示，我所稱為一個內在構造性的統一的概念，不是與理性抵觸的。[47]

霍奇森的「內在構造性的統一」概念，相當倚重有機科學。這是作者試圖以現代思想的用語解釋三一論的另一個例子。他寫道：「除非我誤解了我從物理學家那裏所聽到的研究，我們在這個時空的世界中，並沒有真正見過任何存在的統一體不是以有機的方式構成的。」[48] 這位英國神學家引用氫原子為例，雖然它一度被認為是不可分割之物，但在他那時已被理解為是複合物。他也引用了多重層面的自我 (multi-dimensional self) 是包含幾個元素的現象。或許最有啟發性的是他訴諸於社會，它可以把多元性聯合，維持多元性，卻仍然是合一的。那麼，霍奇森認為，對照於純粹數學性的「一」(oneness) 這抽象性的統一體，有機的統一體是真實的、具體的統一體。它是一個統一體，卻與多重性一致。它是一個整體的各部分的統一體，也是由各部分組成一個整體的統一體。

在《三位一體的教義》接近結束之處，霍奇森解釋把上帝的統一性 (基督教一神論) 想成是「內在構造的」(社羣性)，而不是純粹的、數學性的一，所具有的某些實際結果。例如，我們可以只向三位一體的其中一個位格祈禱，彷彿祂是一個真正的人，而不只是獨一上帝的一個形態而已。霍奇森相信並辯稱，「三一論宗教」的一部分，就是向三位一體某一適當位格的祈禱，以及與萬福的三位一體每一位格的獨特關係。假如我們沿著社羣性類比的路線思考上帝，「我們對聖靈説話，就會像是對那感動啟發我們，並使我們與聖子聯合的上主説話；我們對聖子説話，就會像是對讓我們分享祂的聖子身分的救贖主説話，在與祂們聯合中，我們與天父聯合，就可以稱祂為我們的父。」[49] 這位牛津的老師更表明，在走上講壇講道之前，他往往會向聖靈祈禱，讓他得以集中心思，以致他整個人沉浸於把信息向會眾講解。這肯定是他的表達方式，也是許多復興派的基督徒在講道中所謂的「祈求膏抹」。霍奇森相信，只要三位一體的社羣性類比主導著我們對上帝的思想，我們就可以建立三一性的祈禱生活，引領我們進入與上帝眾位格在祂們各自的功能和恩賜中的豐盛而複雜的關係裏。當然，某些評論家認為，霍奇森對三位一體的社羣性類比，是處於三神論(相信三個各自有別的上帝)異端的邊緣。然而，他對此否認，視之為一個誤解，而且堅稱這樣的指控是沒有公平對待「內在構造性的統一」的**統一體**(the *unity* of "internally constituted unity")，而結果可能是使上帝依靠著世界，作為真正的位格性，永遠需要「他者」以使其得到實現和完成。因此，只有上帝是以這個豐盛而複雜的意思來作其永恆的和內在的三位一體，世界才能夠成為受造物的一份出自愛的自由並全然恩慈的禮物，並且決不是上帝本身的位格自我實現所必須者。

在當代神學中，有助三一論復興的三部最佳作品，都是在20世紀最後15年間出版的。每一部作品都提出了一個類似的論題，卻有不同的重點：**三位一體的教義是基督徒生活的根本，因為它所表達的不是形而上學莫名其妙的話，而是「救恩的奧秘」。**每一部作品都處理了三一性的概念，**有點**像霍奇森的「社羣性類比」，同時訴諸於「拉納定理」，即內在的三位一體是經世的三位一體，反之亦然。其中兩部是由羅馬天主教徒撰寫的，另一部則由一位英國東正教神學家撰寫。羅馬天主教的神學家在解放神學和婦女神學的亮光下，以及按照教會主流教導的大傳統，試圖解釋三位一體的教義。這三位作者和著作分別是：巴西的博菲及他的論著《三位一體與社會》(*Trinity and Society*，1988年)、聖母院大學(Notre Dame University)的拉庫娜及她的論著《為我們的上帝：三位一體與基督徒生命》(1991年)，以及蘇格蘭格拉斯哥的薛斯奧拿及他的論文《存有作為相通：位格性與教會的研究》(*Being As Communion: Studies in Personhood and the Church*, 1985)。

巴西天主教神學家博菲有一段時間遭梵蒂岡禁止發言，原因是他某些被視為涉及解放神學的激進提案，以及他認為馬利亞是聖靈在謙卑中獨特的位格性表達(即使不是聖靈的道成肉身)。雖然他某些有爭議性的論點暗含在《三位一體與社會》中，這本書卻沒有所預期的那麼有爭議性。不過，它以一種具創意的方式，把20世紀末神學的某些重要關懷和主題編織一起。它是從第二和第三世界的觀點，以及在結構性貧窮的處境下撰寫的，在上帝國度價值觀之亮光中，注目於激進的社會變革。它試圖把三一論連繫於一個「社羣性的方案」，為這教義呼出新的生命。它甘願冒上被指摘是三神論的危險，把三位一體的社羣性類比盡可能推展，為的是展示在父、子和聖靈之間平等之愛的相通性生命（communitarian life），成為人類社會甚至在歷史中的典範：「父、子和聖靈的契合社羣成為人類社會的模範，那是想要改進社會者所夢寐以求的，並且建造它的方式，是按照三位一體的形像和樣式所造的。」[50]

博菲探討上帝概念的政治後果，發現「專制主義」（Absolutism）、「極權主義」（Totalitarianism）和「家長政治」（Patriarchalism）都是由上帝的神格唯一論式、一神論式的概念所支持的。換言之，一個恰當的社會的－批判的分析和懷疑的釋經，應該得出一個結論：即使基督徒也會建構上帝的概念來證明他們所喜愛的社會秩序是正當的。神權政體的觀念（即使「聖父的管治」是在一個微弱發展的三一模式中）把人類社會的等級制度概念合理化，帝皇、君主和獨裁者在其中統治所有人，而男人則在家中主宰婦女和孩童。博菲認為，即使在教會中，支配和壓制也是本質地聯繫於某些上帝的觀念，例如三位一體本身就被扭曲為像是神格唯一論式的一神論。同樣地，三位一體某些扭曲了的觀念——一般是基於臆測而不是啟示——被用來合理化社會和教會的層級模式。

這位巴西解放神學家在《三位一體與社會》中辯稱，可以說，我們所需要的不只是社會「從下而上」地徹底重新定位，我們也需要有一個上帝的神學視野，支持平等主義的觀點，認為人類社會是平等的弟兄姊妹的羣體，建基在共融和參與而不是支配和壓制的關係上。博菲認為，基督徒對社會的社會主義式理想「是路上的指引，朝向三位一體的奧秘，而我們從啟示中所得悉的三一奧秘，是一個指引，朝向社會生活及其原型。」[51] 雖然博菲沒有說社會正確秩序的適當三一論原型是「社羣性類比」，但那正是他所贊同和尋求發展的。他批評所有神學家——包括巴特和拉納——都傾向以任何方式削弱父、子和聖靈的完全獨特的位格性存在。這樣近似形態論式地把三位一體的位格縮減成為只不過是存有或實存的形態，導致返回非三一論的神格唯一論式一神論，從而證明社會的（包括教會的）等級制度是正當的。博菲運用了德國靈恩派神學家米倫（Heribert Mühlen）對三一論的反省，肯定了一個觀念，即位格永遠是存在於「我－祢－我們」的關係中，而且永不會是孤立的個體，即或這孤立的個體有多重層面的意識。正如個人是存在於關係中，也是為關係而存在，上帝也是位格地存在於關係中，並為關係而存在。假如上帝不是有多個位格，上帝就會是非位格（impersonal）的，或世界是上帝所必須者。此外，倘若在上帝三一性羣體的多個位格性存有中是有等級性的，那麼我們有的就不只是一個神，而變成了多神論。那麼，在這些異端之外的另一個選擇，就是把上帝看成是平等位格（co-equal persons）的完美契合的羣體。

那麼，父、子和聖靈三個各自有別的位格，又如何是「一位上帝」（一個存有，一個 *ousia*）？為了解釋這一點——博菲必須這樣做以避免三神論——他轉往古代的概念「互滲互存」（perichoresis，拉丁文是 *circumincessio*）。東方教會的教父藉著發展這個概念以解釋三位一體的三個位格的**互相滲透**（interpenetration）。按照博菲的見解，「每一個〔位格〕就是它自己，而不是他者，卻是向他者開放，並且在他者中，祂們構成了一個實體，即是說，祂們是上帝。」[52] 博菲認為這個**互滲互存式**的統一性（*perichoretic* unity），是**愛的合一**（unity of love），也是**完美的位格性契合**（perfect personal communion），而不是**實體的合一**（unity of substance）或

源頭(父)的合一(unity of origin (Father))。他相信,在上帝裏面的這類聯合,提供了人類社會所需的典範,即使是兩三個人從來也不能完整地做到這樣的聯合。那麼,對博菲來說,上帝的三一存有就是三個獨立的位格的團契,至少可以稍微在人類的社會中反映出來:「三個位格之間存在這等愛的交換:祂們之間的生命交流是十分完全的,祂們之間的共融是沒有限制的,各自給予他者一切可以被給予的,而祂們形成了一個聯合。三者擁有一個意志,一個理解,一個愛。」[53] 博菲認為,上帝的這個模式賦予革命運動的推動力,使社會和教會(與家庭?)推在一切人際關係的層面上,人與人之間有更大的參與、共融和對等交流。

博菲總結說,當社會在不平等的基礎上組織自己時,「社會是冒犯三位一體的」,而當它是在人與人之間分享和共融的基礎上組織自己,並致力為所有人帶來公義與平等時,它就是在榮耀三位一體。尤其是,「**教會**愈是三一性共融的聖禮,它愈是減低基督徒之間與不同事工之間的不平等,並更多理解和實踐合一,作為在差異中共存。」[54] 這位巴西神學家更建議,三一上帝與受造物本身的一切不平等最終都會改變,以致當上帝對救恩歷史的旨意成就時,人類與萬物將會被「嵌入父、子和聖靈的完全共融中」。宇宙會成為「三位一體的身體」。一切要求權力淩駕(支配)的不平等,將會變成為完美的共融。這個烏托邦的實況就成為內在的三位一體的特徵,那時也會成為上帝與世界之間的關係的特徵。在這段期間,基督徒的使命是盡一切可能藉著廢除以各類壓迫為記號的反烏托邦,從而接近那烏托邦。

假如博菲的主要關注是去修改三位一體的等級概念,為的是協助解構社會(包括家庭和教會)的等級組織,那麼拉庫娜在《為我們的上帝：三位一體與基督徒生命》中的主要關注，就是把對三一論的反省從對內在的三位一體和上帝在祂自己裏面（God-in-himself）的臆測，轉往對三位一體作為「救恩的奧秘」的反省。換言之，對她來說，**經世的三位一體**應該是基督徒注目的焦點，因為它把上帝的三一存有關聯於救恩和基督徒生活。事實上，這位聖母院的教授甚至拒絕一切抽象地、臆測地注目三位一體在屬天永恆中的內在工作，視之為「三一論的挫敗」。她斷言，只要三一論思想是與真實人生有關的，那麼這樣的臆測，就是基督徒思考上帝時逐漸衰弱的習慣，必須加以克服，而假如它與真實的人生無關，更是無謂多餘的。內在的三位一體總被想成是「真正的三位一體」，對照著上帝在歷史中與人作出經世三一的互動。與這傾向相反，拉庫娜寫道：

> 倘若上帝真的是**自我溝通**（self-communicating）的，那麼我們實在是知道上帝的本質（位格性的存在）：我們在基督和聖靈裏默想上帝的自我啟示，當中所認識的上帝乃是上帝的真實本相。內在的三位一體不是超越歷史的（transhistorical）、超越經驗的（transempirical）或超越經世的（transeconomic）。內在的三位一體也不是一個「較真實的」上帝——較真實，是因為描述它所用的談論方式是存有論的。相反地，按照內在的三一論用語來談論上帝，只是在說上帝在基督與聖靈的經世中與我們同在的生命罷了。[55]

當然，這很難算是慣常描述「內在的三位一體」的方式，不過它是「拉納定理」的一個可能解釋，把內在的三位一體與經世的三位一體盡可能緊扣在一起。拉庫娜的方案是把「拉納定理」帶往**正確的**邏輯結論上，所基於的洞見，是它們之間的密切關連，但既不會讓上帝需要世界從而成為三位一體，也同時沒有把上帝在祂自己裏面（內在的三位一體）割離救恩歷史和經驗。

《為我們的上帝》的第一部分提出了一個批判性的評論，拉庫娜大膽地稱之為「三一論的出現和挫敗」。她綜覽了三一論教義的發展，從早期教會經過君士坦丁和奧古斯丁的時代，至帕拉瑪（Gregory Palamas）和阿奎那的東西方經院哲學思想。在她講述的「故事」中，三一論反省的具體性逐步減少，變得抽象和臆測。這樣轉移的主要特徵，就是讓斷層在經世的三位一體（指的是在父、子和聖靈代表人類在救恩歷史中啟示和行事的歷史裏，反省為我們的上帝〔God-for-us〕）與內在的三位一體（指的是上帝之在祂自己裏面的存有〔being-in-himself〕乃是在父、子和聖靈之間的團契中的合一〔union-in-fellowship〕）之間出現。在神學反省的最早期，隨著教父著迷於上帝的完美和非情性（impassibility）等希臘觀念，內在的三位一體就愈來愈受到注目。不願容許在上帝的存有中有任何改變，甚至是受苦，就導致分開了上帝的**存有**與上帝在祂自己以外的**啟示**〔行動〕。上帝「在祂自己裏面」（*ad intra*）被描述成是三位一體的，卻永不改變和不會受苦，這樣，「在祂自己以外」（*ad extra*）所發生的事就沒有可能真正影響上帝本身。思考上帝在祂自己，以及在三位一體內的位格之間的不變基本關係，就變成了「神學的要務」（"theology proper"，*theologia*），而反省上帝與世界的關係（God-in-relation to the world），以及聖子和聖靈在道成肉身、啟示和救贖中的使命與生出，就成了「經世」(*economia*)，在建構基督教的上帝觀中，不及「神學的要務」那麼重要。拉庫娜提出了一個值得注意的建議，關乎在歷史神學敍述中一個極端錯誤的扭曲，她寫道：「假如基督教神學〔在亞他那修和加帕多家教父的著作中〕沒有那麼堅持上帝的非情性，並肯定上帝是在基督裏受苦，與亞流主義相反，就要在上帝的存有與基督的存有之間保持必要的統一和相同。」[56] 這樣分開上帝之在祂自己裏面的存有 (God's being-in-himself) 與上帝之在基督的受苦的存有 (God's being-in-Christ's suffering)，所做成的影響，就是使得內在的三位一體 (被視為「真正的三位一體」) 的教義與基督徒的祈禱、崇拜和門徒生活再無關係——這樣的不相關，最終會導致在基督徒思想中忽略了三一論。

拉庫娜期望發現一條途徑，以建立和維護在「經世」(三一上帝「在祂自己以外」的創造、道成肉身和救贖) 與「神學的要務」之間的基本的相互關係，這相互關係既沒有否定上帝的存有論的自由，也沒有意含著在位格間的內在神性領域是完全取決於上帝與世界之間在存有論上的某些區分。《為我們的上帝》的第二部分題為「在救恩奧秘的亮光中重新構想三一論」。該書的第二部分計劃探討以下對於把三位一體與真實生活重新接合是十分要緊的問題：

> 我們可以同時肯定以下的看法嗎：上帝**作為上帝**是全然臨在於救恩歷史的經世中，而同時上帝也逾越或超過人類接納或解釋這自我溝通的能力？最後，我們是否可以不用訴諸於「內在神聖」的關係或「內在神聖」的自我溝通，而可以說，

> 上帝在基督和聖靈裏的自我溝通的特定形式是難以言明的，因為它們向我們顯示了上帝的真正本性？[57]

拉庫娜相信，兩條問題的答案都是「是的」，而且這個答案的關鍵在於重新構想內在的三位一體**為**(as) 經世的三位一體，而沒有把上帝融化在世界中。不過，若要達成這一點，就只有藉著丟棄對上帝的永恆不變性和非情性的傳統概念，那是造成了《為我們的上帝》的第一部分所揭示的難題。對於拉庫娜來說，即使是內在的三位一體的概念，也是必須改變的，以致它不是指某些「上帝抽離世界的內在和永恆生命」，而是指「上帝在基督和聖靈裏啟示」。「換言之，一套內在的三一論神學不可能是分析在上帝『裏面』的是甚麼，而是一種對上帝在救恩歷史中自我彰顯的結構或模式的思考和談論方式。」[58] 然後，在最後的分析中，對拉庫娜來說，**上帝的身分和本性是祂在基督和聖靈裏臨在我們中間之所是** (God is who and what he is among us in Christ and the Spirit)。這個內在的三位一體絲毫沒有任何傳統的意思。內在的三位一體還有甚麼？讚頌 (doxology)。換言之，我們是去讚美上帝——祂是徹底的自由，也恩慈地在歷史中與世界相聯，而不是由於需要——同時拒絕猜測上帝如何既是歷史性的也是自由的。拉庫娜敢於發問和拒絕回答**古典三一神論的關鍵問題**：「若撇除了救恩歷史的經世，上帝會是三位一體的嗎？」她寫道：「我們一旦把經世放在一旁，三位一體的教義就與生命和信仰無關了。要緊的是，上帝若是離開了救恩歷史，究竟會否是三一的這問題，根本純屬推測，不可能在啟示的基礎上回答。」[59] 故此，父、子和聖靈的內在三一存有，是祂們各自之間的關係，以及在救恩歷史過程中與人類的關係，這歷史始於創世，卻沒有終結。那麼，對於拉庫娜來說，「內在的三位一體」與「經世的三位一體」之間的區別**不是存有論**的，而是**讚頌性**的。換言之，它不是指到兩個有區別的「上帝的存有」，而只是指到在崇拜中必須承認上帝的神聖自由，在祂在世界中自我彰顯為父、子和聖靈，既非必須也不是強迫的。

評論者想知道，拉庫娜究竟是否公平地處理上帝的自由，這自由對上帝在基督裏，及藉著聖靈在教會和世界中的救贖臨在這種恩慈是必須的。究竟是否有需要完全廢除內在的三位一體與經世的三位一體之間的一切存有論區別，以保存三位一體對基督徒生活的關聯？抑或某些坦白地承認是必須的：父、子和聖靈在永恆中有祂們本身的生命，是不會被祂們經世的自我彰顯和在救恩歷史中的救贖行動所徹底顯明？當要保存兩者時，拉庫娜是否不慎地把其中一項的價值取代了另一項？換言之，她堅持**三位一體對基督徒生活的關聯**（祈禱、靈修、敬拜），就讓她削弱了**恩典白白賞賜**（total gratuity of grace）的基礎，使上帝成為歷史的囚犯（正如所述）？如果有人說「一旦有了世界」（完全是基於上帝創造某些在祂以外之事物的恩慈決定），內在的與經世的三位一體之間就沒有存有論上的「差距」，難道不可以同時肯定兩者的價值嗎？那麼，內在的三位一體只是指到上帝「在世界以先和抽離世界以外」的「先前」存在，而「內在的－經世的三位一體」則是指上帝向世界和在世界中的自我彰顯。我們大可以把「前歷史的」(pre-historical) 和「歷史的」(historical) 來取代修飾語「內在的」與「經世的」，而有同一效果。

雖然東正教神學家薛斯奧拿的論著《存有作為相通：位格性與教會的研究》在1985年出版時，起初並沒有被譽為對三一論有建構性的貢獻，它在1990年代初卻開始影響基督教對三位一體的思考，因而在某方面代表了三一論思想在第二個千年和20世紀的高峯。薛斯奧拿在之前默默無聞，直至這部對存有、三位一體、位格性、教會與將來之間的關係有重要探索的作品出版並受到接納。該書出版時，這位作者是蘇格蘭格拉斯哥大學（University of Glasgow）的系統神學教授，之前曾在羅馬貴格利大學（Gregorian University）和倫敦英王學院（King's College）任教。按照他的出版商的説法，薛斯奧拿已經成為正教會對當代普世教會的討論的一個主要貢獻者。

在《存有作為相通》中，薛斯奧拿提出了一個相當緊密和巧妙的論證，支持東方教父對三一論的共識，視之為針對泛神論和虛無主義惟一可行的選擇。他的方法是探討在上帝與人類中位格的本質。一個非三一性的創造者上帝是需要有一個世界成為祂的配對之物，因為位格的特性是一個關係的奧秘。非關係性的位格並不存在。現代對位格性的兩難問題，在於強調在自由中的自我存在，以之為位格性的真正本質，自殺因而成了自由的終極表達，而為自我實現，這問題既不能避免，也無法回答。薛斯奧拿認為，東方非教理問答式的教父（例如愛任紐和亞他那修等主教）比任何古代或現代思想家都更深明白位格的本質，以及它與「實體」的關係。相對於希臘哲學家甚至是亞歷山太教理問答式的基督徒神學家（亞歷山太的革利免和俄利根），東方教會的三一論教父把「位格」的範疇提升至最高的存有論地位，同時視它為只有在關係中才是真實的。他們認為，上帝作為三位一體是完全位格性的，而神聖實體（*ousia*）就是上帝的位格性。上帝是位格性的，而其為位格的乃在於其活在相通中，並且為了相通而活。

薛斯奧拿喜愛把終極實在稱為「教會的存有」（ecclesial being）或「教會的身分」（ecclesial identity），而他堅稱「教會的存有是繫於上帝的至終存有」，即上帝的存有是一件「相通的事件」。[60] 這位作者反對西方基督教把上帝和人的實體提升高過位格性的傾向。他認為，這傾向已經導致西方的個人主義和虛無的自我這現代難題。針對西方的傾向，他堅持即使是上帝，位格也是先於存有，或那存有**是**位格，而那位格是相通。東方教父對思想歷史的偉大貢獻，正在於他們看到，即使「上帝的實體，『上帝』，若是離開相通，就沒有存有論的內容，沒有真正的存有。」[61] 不過，薛斯奧拿認為，這絕不是說三位一體的眾位格是完全等同的。即使上帝所是的相通是作為父、子和聖靈的三位一體，這相通是有一個共同的本源的——聖父，祂就其本身而言是純粹位格的奧秘。「因此，上帝作為位格——正如聖父的位格（*hypostasis*）——使一個神聖實體成為它的所是：獨一上帝（the one God）。」[62] 聖子和聖靈永恆地繫於聖父，作為祂們的共同本源，並且與聖父一起形成一個完美的神聖羣體，教會正是以此——在最好的情況下——而為一個聖像（icon，形像〔image〕）。沒有上帝是先於或離開或高於作為位格的聖父，也沒有聖父－位格是離開父、子和聖靈之間的永恆相通的。作為上帝，就是位格之間的完美相通；而作為人，就是存在於相通之中，是反映著那完美的神聖相通。

薛斯奧拿無意提出某些新奇或創新的三一論重構。相反地，在《存有作為相通》中，他呼籲基督徒的神學和存有論思想要回到差不多被遺忘了的根源，尤其是在西方：那是4世紀成形的希臘教父傳統——亞他那修和加帕多家教父在這世紀中有重要的突破，不只是在基督教教義的範圍，在哲學的領域也是一樣。他們宣稱，至高的存有既不是純粹實體的孤立的自給自足，也不是一元式泛神論的全在於一（all-oneness）。相反地，那是位格性：「教會的存有」，活存於他者之中，也是為他者而活存。因此，愛才是存有的真正形態，而不是自給自足或自我肯定。為其所是，就是愛他者（To be is to love others）。薛斯奧拿提醒他的讀者，惟有上帝在其自己之中體現這愛，而我們人類又按照祂的形像和樣式被造，這才會是真確的。

我們必須問，在薛斯奧拿以返回傳統來改革三一論的方案中，仍然保留的「聖父的統管」是否與他那基本的社羣式衝力一致。我們難道不會把聖父的統管解釋成合理化「仁慈的專制政治」嗎？無論如何，薛斯奧拿肯定不是在主張一套完全平等論。然而，許多西方的社羣式思想家相當認同東方傳統把位格置於實體之上（例如：莫特曼），他們大概會想知道，這位東正教神學家是否真的可以前後一致地實行他的方案。然而，薛斯奧拿強調：在存有論的結構中，純粹位格性作為存有是先於實體的，以及作為相通的純粹位格性，這些強調對於現代、西方泛濫的個人主義是值得歡迎的修正，而且它似乎是東正教對20世紀三一論復興令人欣然的貢獻。

關於三位一體的討論和解釋，或許從來沒有真正停止過，然而我們已經來到故事的尾聲。事實上，我們發現它轉了一圈，回到了古代的起點。不論這教義是如何難以解說，也會繼續使神學家著迷。因為在它裏面的，就是三位一體的奇妙奧秘，有關的討論既可以擁抱上帝存在的豐盛，也可以得著我們自己的豐盛。

註釋：

1 Edmund J. Fortman, *The Triune God: A Historical Study of the Doctrine of the Trinity* (London: Hutchinson & Co., 1972), p. 94.

2 參 Richard S. Haugh, *Photius and the Carolingians: The Trinitarian Controversy* (Belmont, Mass.: Nordland Publishing Co., 1975).

3 Anselm, *Saint Anselm: Basic Writings,* trans. S. N. Deane (La Salle, Ill.: Open Court Publishing Co., 1962), chapters 30～63, pp. 91～127.

4 Jürgen Moltmann, *The Trinity and the Kingdom: The Doctrine of God,* trans. Margaret Kohl (San Francisco: Harper & Row, 1981) 和 *The Spirit of Life: A Universal Affirmation,* trans. Margaret Kohl (Minneapolis: Fortress Press, 1992).

5 Fortman, *The Triune God,* p. 227.

6 參 Leonard Hodgson, *The Doctrine of the Trinity* (New York: Charles Scribner's Sons, 1944).

7 Fortman, *The Triune God,* p. 193.

8 Fortman, *The Triune God,* p. 177.

9 參 Karl Rahner, *The Trinity,* trans. Joseph Donceel (New York: Seabury Press, 1974), pp. 15～21.

10 Fortman, *The Triune God,* p. 208.

11 Rahner, *The Trinity,* pp. 103～115.

12 取材自 Fortman, *The Triune God,* p. 218.

13 關於伊拉斯姆的「基督的哲學」的要點，參他的 *The Handbook of the Militant Christian (Enchiridion)* in John P. Dolan, ed., *The Essential Erasmus* (New York: Mentor-Omega Books, 1964).

14 摘自 *What Luther Says: A Practical In-Home Anthology for the Active Christian,* ed. Ewald M. Plass (St. Louis: Concordia Publishing House, 1959), p. 1385. 取材自路德在1538年對大公教會信經的評論。

15 摘自 Plass, ed., *What Luther Says,* p. 1385. 取材自路德在1538年對信經的評論。

16 摘自 Plass, ed., *What Luther Says,* p. 1386. 取材自路德在1537年7月7日論約翰福音一章1至2節的講章。

17 關於整份〈奧斯堡信條〉，參 John H. Leith, ed., *Creeds of the Churches: A Reader in Christian Doctrine from the Bible to the Present* (revised edition) (Richmond, Va.: John Knox Press, 1973), pp. 63～107.

18 *Melanchthon on Christian Doctrine: Loci Communes 1555*, trans. and ed. Clyde Manschreck (New York: Oxford University Press, 1965), p. 11.

19 John Calvin, *Institutes of the Christian Religion,* I, XIII, 20, ed. John T. McNeill, trans. Ford Lewis Battles (Philadelphia: Westminster Press, 1960), p. 144.

20 Balthasar Hubmaier, "On the Christian Baptism of Believers," in *Balthasar Hubmaier: Theologian of Anabaptism,* ed. and trans. H. Wayne Pipkin and John H. Yoder (Scottdale, Penn.: Herald Press, 1989), pp. 95～149.

21 摘自 Timothy George, *Theology of the Reformers* (Nashville: Broadman Press, 1988), p. 275.

22 摘自 Walter Klaassen, *Anabaptism in Outline: Selected Primary Sources* (Scottdale, Penn.: Herald Press, 1981), p. 39.

23 Jerome Friedman, *Michael Servetus: A Case Study in Total Heresy* (Geneva: Librairie Droz S.A., 1978).

24 Earl Morse Wilbur, "Introduction," *The Two Treatises of Servetus on the Trinity* (*Harvard Theological Studies,* extra number, 1932), p. xviii.

25 George H. Williams, *The Radical Reformation* (Philadelphia: Westminster Press, 1962), p. 322.

26 I. T. Ramsey, "Editor's Synopsis," in John Locke, *The Reasonableness of Christianity,* ed. I. T. Ramsey (London: Adam & Charles Black, 1958), p. 23.

27 John Toland, "Christianity Not Mysterious," in *Deism: An Anthology,* ed. Peter Gay (Princeton: D. Van Nostrand Co., Inc., 1968), p. 54.

28 Matthew Tindal, "Christianity as Old as the Creation," in *Deism,* ed. Gay, p. 119.

29 例如，"*Vom Mutteramte des heiligen Geistes*"是由親岑多夫於1747年4月23日在倫敦傳講的，然後出版在親岑多夫的 *Hauptschriften* vol. 4, ed. Erich Beyreuther and Gerhard Meyer (Hildesheim: Georg Olms Verlagsbuchhandlung, 1962～1963), pp. 1～14.

30 關於親岑多夫的三一論和聖靈論觀點的出色闡述和討論，參 Gary Steven Kinkel, *Our Dear Mother the Spirit: An Investigation of Count Zinzendorf's Theology and Praxis* (Lanham, Md.: University Press of America, 1990)，特別參頁79～131。

31 參 Kinkel, *Our Dear Mother the Spirit,* p. 107.

32 Kinkel, *Our Dear Mother the Spirit,* p. 107.

33 Jonathan Edwards, "An Essay on the Trinity," in *Jonathan Edwards: Representative Selections,* ed. Clarence H. Faust and Thomas H. Johnson (New York: Hill and Wang, 1962), p. 381.（這篇論文的所有引文和參考，都是取自此書。）

34 Edwards, "An Essay on the Trinity," p. 376.

35 Edwards, "An Essay on the Trinity," p. 379.

36 "Editors' Preface," in Friedrich Schleiermacher, *The Christian Faith,* ed. H.

R. Mackintosh and J. S. Stewart (Philadelphia: Fortress Press, 1928), p. v.

37 Schleiermacher, *The Christian Faith,* p. 739.

38 Schleiermacher, *The Christian Faith,* p. 749.

39 "Editors' Preface," in Albrecht Ritschl, *The Christian Doctrine of Justification and Reconciliation,* ed. and trans. H. R. Mackintosh and A. B. Macaulay (Edinburgh: T. & T. Clark, 1900), p. v.

40 Walter Rauschenbusch, *A Theology for the Social Gospel* (New York: Macmillan Co., 1917), pp. 154 ~ 155.

41 Rahner, *The Trinity*, p. 22.

42 Rahner, *The Trinity*, p. 107.

43 Rahner, *The Trinity*, p. 109.

44 Jürgen Moltmann, *The Crucified God,* trans. R. A. Wilson and John Bowden (New York: Harper and Row, 1974), p. 192.

45 關於進程神學的概要，參 John B. Cobb, Jr., and David Ray Griffin, *Process Theology: An Introductory Exposition* (Philadelphia: Westminster Press, 1976).

46 Norman Pittenger, *The Divine Triunity* (Philadelphia: United Church Press, 1977), pp. 117 ~ 118.

47 Hodgson, *The Doctrine of the Trinity*, pp. 140 ~ 141.

48 Hodgson, *The Doctrine of the Trinity*, p. 94.

49 Hodgson, *The Doctrine of the Trinity*, pp. 179 ~ 180.

50 Leonardo Boff, *Trinity and Society,* trans. Paul Burns (Maryknoll, N.Y.: Orbis, 1988), p. 7.

51 Boff, *Trinity and Society,* p. 119.

52 Boff, *Trinity and Society,* p. 32.

53 Boff, *Trinity and Society,* p. 84.

54 Boff, *Trinity and Society,* pp. 236 ~ 237.

55 Catherine Mowry LaCugna, *God for Us: The Trinity and Christian Life* (New York: HarperSanFrancisco, 1991), p. 229.

56 LaCugna, *God for Us,* p. 43.

57 LaCugna, *God for Us,* p. 217.

58 LaCugna, *God for Us,* p. 225.

59 LaCugna, *God for Us,* p. 227.

60 John D. Zizioulas, *Being As Communion: Studies in Personhood and the Church* (Crestwood, N.Y.: St. Vladimir's Press, 1984), p. 15.

61 Zizioulas, *Being As Communion,* p. 17.

62 Zizioulas, *Being As Communion,* p. 41.

II

進深書目

第三章

三位一體的論著書目

本章是一份評述性的書目，根據三個準則來選取。首先，在此評述的著作，必須對三位一體教義的發展極具貢獻。較為次要和二手的作品(例如綜覽性的著作)不會包括在內。第二，在此列出的作品必須是可以找到的，不論是藉著購買或從圖書館(包括館際借閱)而獲得。第三，以下的書目必須是英文的譯本，部分有中文的翻譯(若有多過一部中文譯本，則取較近期或較通行者)。當然，在神學著作中討論三一論的許多章節，都可以符合上述三個準則，不過大部分只有一章或一節論三位一體的神學著作，都沒有列在本書目中。至於某些只有部分篇幅是探討三位一體的教父作品，也列在此處，原因是它們在教義的早期發展中，具有原創的重要性。

1. 教父的著作

縮略語

ACW　Ancient Christian Writers: The Works of the Fathers in

Translation. Mahwah, N.J.: Paulist, 1946～.

ANF A. Roberts and J. Donaldson, eds. Ante-Nicene Fathers. 10 vols. Buffalo, N.Y.: Christian Literature, 1885～1896. Reprint, Grand Rapids: Eerdmans, 1951～1956. Reprint, Peabody, Mass.: Hendrickson, 1994.

FC R. J. Deferrari, ed. Fathers of the Church: A New Translation. Washington, D.C.: Catholic University of America Press, 1947～.

LCC J. Baillie et al., eds. The Library of Christian Classics. 26 vols. Philadelphia: Westminster, 1953～1966.

NPNF P. Schaff et al., eds. A Select Library of the Nicene and Post-Nicene Fathers of the Christian Church, series 1 and 2 (14 vols. each). Buffalo, N.Y.: Christian Literature, 1887～1894. Reprint, Edinburgh, T. & T. Clark; Grand Rapids: Eerdmans, 1952～1956. Reprint, Peabody, Mass.: Hendrickson, 1994.

以下中文譯著在書目中只引書名：

《基督教早期文獻選集》，謝扶雅譯，「基督教歷代名著集成」。香港：基督教文藝出版社，1990。

《亞歷山太學派選集》，朱信等譯，「基督教歷代名著集成」。香港：基督教文藝出版社，1989。

《尼西亞前期教父選集》，謝秉德等譯，「基督教歷代名著集成」。香港：基督教文藝出版社，1990。

《東方教父選集》，謝扶雅等譯，「基督教歷代名著集成」。香港：基督教文藝出版社，1992。

《奧古斯丁選集》，湯清等譯，「基督教歷代名著集成」。香港：基督教文藝出版社，1989。

《中世紀基督教思想家文選》，徐慶譽等譯，「基督教歷代名著集成」。香港：基督教文藝出版社，1990。

早期尼西亞前期作家

在本節，我們集中於1世紀末至2世紀初的基督徒作家，他們通常被稱為「使徒教父」(Apostolic Fathers，約70～135年)。我們也會列出在尼西亞前期中，重要的教會文獻。關於尼西亞前期文獻的英文修訂譯本，請參考 *The Apostolic Fathers*, translated by J.B. Lightfoot and J.R. Harmer, edited and revised by Michael W. Holmes, 2nd edition (Grand Rapids, Mich. : Baker Book House, 1989)。以下方括號中的譯名主要是通用的中文譯名，但未必與中譯本的譯名相同。

Clement.〔革利免〕*1 Clement.*〔《革利免一書》〕Translated by J. B. Lightfoot and J. R. Harmer. Edited and revised by Michael W. Holmes. Included in *The Apostolic Fathers*, pp. 28～64. 中譯參：〈革利免第一書〉，載《基督教早期文獻選集》，頁2～46。

本書極可能是現存最早新約正典以外的基督教文獻。在這封早期的主教書信中，我們見到尚未成熟的三一論反省，但書中一再提到父、子和聖靈。在傳統的這個早期階段，《革利免一書》的語句已經含有令人吃驚的三一論暗示。更確實的三一論說法，要待後來才會出現。

2 *Clement.*〔《革利免二書》〕Translated by J. B. Lightfoot and J. R. Harmer. Edited and revised by Michael W. Holmes. In-

cluded in *The Apostolic Fathers,* pp. 68～78. 中譯參：〈革利免達哥林多人後書〉，載《基督教早期文獻選集》，頁318～331。

霍姆斯（Michael Holmes）寫道，《革利免二書》是「現存最古老而完整的基督徒講章」。這卷書的作者身分、寫作日期和原因背景，大多數仍然是一個謎。講章的第一行立即讓人觸目：「弟兄們哪，我們必須思考耶穌基督，正如思考上帝一樣，認祂為『審判活人、死人的主』。」

***Constitutions of the Holy Apostles.*〔《使徒憲章》〕Edited by James Donaldson. ANF 7 (Peabody, Mass.: Hendrickson, 1994). 中譯參：〈眾使徒書〉，載《基督教早期文獻選集》，頁130～159。**

本書第4段第41節有一段非常有趣的信經語句，是用來給預備領洗者在受洗時宣述的。它的三一性結構惹人注目。第43節記載了在水禮上宣告的祝福語，其語言和結構也是相當三一論式的。在第8部的5至11、13至15、17至20、35至41節中的禱告，也應該加以參考。另參 *Early Liturgies*，載 ANF 7, pp. 537～568。

Hermas.〔黑馬〕*The Shepherd of Hermas.*〔《黑馬牧人書》〕Translated by J. B. Lightfoot and J. R. Harmer. Edited and revised by Michael W. Holmes. Included in *The Apostolic Fathers,* pp. 194～290. 中譯參：〈黑馬牧人傳〉，載《基督教早期文獻選集》，頁163～257。

本書是一份早期基督教的文獻，說明基督徒作者在面對使用聖經以外的材料來解說父、子和聖靈時所遇到的困難。讀者若想知道，早期基督徒思想家試圖在複雜的第1世紀為了對福音作見證，從而塑造合用的神學模式時，有時會犯的普遍錯誤，本書十分有用。

Ignatius.〔伊格那丟〕*Letter to the Ephesians.*〔《伊格那丟書信》〕Translated by J. B. Lightfoot and J. R. Harmer. Edited and revised by Michael W. Holmes. Included in *The Apostolic Fathers,* pp. 86～93. 中譯參：〈伊格那丟書〉，載《基督教早期文獻選集》，頁45～93；其中頁47～56為致以弗所人書，其餘為伊格那丟致馬內夏人、他拉勒人、羅馬人、非拉鐵非人、士每拿人和坡旅甲的信函。

安提阿主教伊格那丟寫了七封給不同教會(包括士每拿、非拉鐵非、以弗所等)的書信，當時他是在羅馬守衛解送前往羅馬處死的途中。他致以弗所教會的書信，尤其應被參考。

Lactantius.〔拉克單丟〕*Divine Institutes.*〔《神聖教規》〕Translated by William Fletcher. ANF 7 (Peabody, Mass.: Hendrickson, 1994).

讀者應該細閱第4部。拉克單丟在此處理了許多基督論的問題，而在第23章探討父與子的關係中，用了教父常用的水源和溪流，以及太陽和陽光的例證。另參Lantantius, *The Epitome of the Divine Institutes*, ANF 7, chapters 43～47, 49～51。

***The Apocrypha: The Book of John Concerning the Falling Asleep of Mary.*〔《次經：約翰論馬利亞沉睡書》〕Translated by Alexander Walker. ANF 8 (Peabody, Mass.: Hendrickson, 1994).**

本書是論到新約沒有言明之處的眾多次經作品之一，那是指新約作者沒有提及的事件，例如馬利亞之死。

雖然這本簡短的作品沒有明確提及三一論，不過值得一提的是，書中記載了早期基督徒如何談到父、基督和聖靈的有趣例子。例如，約翰和馬利亞一再提及耶穌是「基督我們的上帝」、「上帝我們的主」和「上帝她的救主」。

***The Didache.*〔《十二使徒遺訓》〕Translated by J. B. Lightfoot and J. R. Harmer. Edited and revised by Michael W. Holmes. Included in *The Apostolic Fathers*, pp. 149～158. 中譯參：〈十二使徒遺訓〉，載《基督教早期文獻選集》，頁261～272。**

本書是早期基督徒要理問答的有用例子；要理問答是一份神學和虔修的手冊，按序排列，指導早期基督徒在信仰中的改變。雖然《十二使徒遺訓》見證三位一體之處甚少，不過其用語的含義卻肯定有助推動教會朝往三一論的方向發展。

***The Epistle of Barnabas.*〔《巴拿巴書信》〕Translated by J. B. Lightfoot and J. R. Harmer. Edited and revised by Michael W. Holmes. Included in *The Apostolic Fathers*, pp. 162～188. 中譯參：〈巴拿巴書〉，載《基督教早期文獻選集》，頁105～129。**

本書作者是一位早期的基督徒，他詳查希伯來聖經的篇章，尋找經文，說明上帝的旨意在基督裏應驗。本書記載了某些基督論的有趣洞見。書中較少提及聖靈。

***The Martyrdom of Polycarp.*〔《坡旅甲殉道記》〕Translated by J. B. Lightfoot and J. R. Harmer. Edited and revised by Michael W. Holmes. Included in *The Apostolic Fathers*, pp. 135～144. 中譯參：〈坡旅甲殉道故事〉，載《基督教**

早期文獻選集》，頁348～361。

本書的記載相當動人，敘述忠心的主教坡旅甲的殉道故事。正如其他尼西亞前期文獻一樣，讀者應該注目於記述坡旅甲故事的詞彙含義。敘述者顯然不是在撰寫一篇三一論的論文，不過他所用的語句，讓細心的讀者開採出三一論的珍寶。

Theognostus of Alexandria.〔亞歷山太的狄奧格諾斯圖斯〕*From His Seven Books of Hypotyposes or Outlines.*〔《教義要略七卷》〕Translated by S. D. F. Salmond. ANF 6 (Peabody, Mass.: Hendrickson, 1994).

本書三篇極短的殘篇是源自一部較長篇幅的作品。所有三篇殘篇都是處理三一論的問題，例如聖子的「實體」(substance) 與聖父的「實體」之間的關係。一般常用的太陽及其光輝的例證，在書中也有出現。

Athenagoras.〔雅典那哥拉〕*A Plea for the Christians.*〔《為基督徒而辯》〕Translated by B. P. Pratten. ANF 2 (Peabody, Mass.: Hendrickson, 1994).

本書是早期尼西亞前期對三位一體反省的有用例子。雅典那哥拉認為，一個上帝可以有一個聖子的主張，並非荒謬。雅典那哥拉在聖子的受生上，可以說得更清楚。聖子與聖父在永恆中是有區別的嗎？抑或聖子是上帝在創造中發出祂的話語時，才成為這樣子嗎？由於雅典那哥拉描述聖靈是「流出物」(effluence) 的暗示，他對聖靈的獨立位格性 (distinct personality) 的觀點含糊。《為基督徒而辯》較近期的英文譯本，可參 Athenagoras, *Embassy for the Christians*, translated by Joseph Hugh Crehan, S.J. (New York: Paulist Press, 1955)。

Justin Martyr.〔殉道者游斯丁〕*Dialogue with Trypho.*〔《與推芬對話》〕Edited by Alexander Roberts and James Donaldson. ANF 1 (Peabody, Mass.: Hendrickson, 1994). 中譯參：〈游斯丁與推芬對話〉，載《基督教早期文獻選集》，頁368～387。

在本書中，游斯丁回應了猶太人反對拿撒勒人耶穌是蒙應許的彌賽亞，以及在本質上是上帝的可能性。第55至66、83至85章是針對基督神性的問題、對於祂與聖父的關係之含義，以及它與基督的生命作為一個真正的人的關係。另參 *Selections from Justin Martyr's Dialogue with Trypho, a Jew*, translated by R. P. C. Hanson, World Christian Books 49, third series (London: Lutterworth, 1963).

______. *First Apology* and *Second Apology.*〔《第一護教辭》和《第二護教辭》〕Edited by Alexander Roberts and James Donaldson. ANF 1 (Peabody, Mass.: Hendrickson, 1994). 中譯參：〈游斯丁第一護教辭〉，載《基督教早期文獻選集》，頁404～461。

《第一護教辭》有類似游斯丁在《與推芬對話》中的論證。游斯丁對於聖子的永恆本性含糊不清，並且有時混淆了聖靈與道（*Logos*）。例如，在《第一護教辭》中，他寫道：「若認為聖靈和上帝的權能是道以外的任何其他東西，乃是錯誤的，這道亦即是上帝的首生子」（《第一護教辭》33.6）。

Tatian.〔他提安〕*Address to the Greeks.*〔《對希臘人講話》〕Translated by J. E. Ryland. ANF 2 (Peabody, Mass.: Hendrickson, 1994). 中譯參：〈他提安對希臘人講話〉，載《基督教早期文獻選集》，頁388～390。

他提安相當輕視希臘人的文化、宗教和哲學。在第一部分中(4.3～7.6章),我們可以見到他提安的宇宙論和對上帝的理解。他把上帝與道的關係,比作是火炬及其產生的光芒。他提安就像游斯丁一樣,似乎混淆了聖子的受生;他提到道是上帝所生的,卻顯然沒有把聖子的受生理解為永恆受生(參第5章)。

Theophilus of Antioch.〔安提阿的提阿非羅〕*Theophilus to Autolycus.*〔《提阿非羅致奧托利克書》〕ANF 2 (Peabody, Mass.: Hendrickson, 1994).

提阿非羅是2世紀的安提阿主教,他的三一論觀念與其他尼西亞前期的護教士相當類似。不過,他是第一位基督徒神學家把「內在的道」(*Logos endiathetos*)與「表達的道」(*Logos prophorikos*)作出區分。提阿非羅對聖靈的論述較少,有時他對道和聖靈之間的區分也模糊不清(參卷2,第10章)。提阿非羅在與奧托利克(Autolycus)的書信中提到「三位一體」(*triados*)一詞,可能是教父對這個用詞的最早使用。

早期亞歷山太作家

Clement of Alexandria.〔亞歷山太的革利免〕*The Instructor (Paidagogos).*〔《導師》〕ANF 2 (Peabody, Mass.: Hendrickson, 1994). 中譯參:〈導師基督〉,載《亞歷山太學派選集》,頁48～103。

革利免的「向導師禱告」(“Prayer to the Paedagogus”)是一個出色的例子,展示一個早期基督徒對父、子和聖靈的祈求和稱頌。

______. *Stromata.*〔《雜記》〕ANF 2 (Peabody, Mass.: Hendrickson,

1994). 中譯參：〈雜記〉，載《亞歷山太學派選集》，頁104～200。

革利免談及的三位一體，反映在柏拉圖的《提麥奧斯篇》(*Timaeus*)。在《雜記》的第7部第2章中，革利免對聖父與聖子之間的關係作出反省，他寫道：「上帝的兒子總不離開；不被分裂，不被割斷，不從一地移到另一地；總是無所不在，不被任何地方限制，完全的心智，完全如父的心思……如父的話語，為祂展示神聖的管理，對祂〔全然〕順服」(ANF 2, book 7, p. 524)。《雜記》首3部的近期英文譯本，可參 Clement of Alexandria, *Stromateis*, translated by John Ferguson, FC 85 (Washington, D.C.: Catholic University of America Press, 1991).

______. "Who Is the Rich Man That Shall Be Saved?"〔〈誰是會得救的富人？〉〕Translated by William Wilson. ANF 2 (Peabody, Mass.: Hendrickson, 1994).

這是一篇講章，革利免在文中提到「聖父上帝的能力、聖子上帝的血和聖靈的潤澤」所給予的保守(ANF 2, para. 34, p. 601)。

Dionysius of Alexandria.〔亞歷山太的狄尼修〕Translated by S. D. F. Salmond. *Epistle to Dionysius Bishop of Rome.*〔《致羅馬主教狄尼修的書信》〕ANF 6 (Peabody, Mass.: Hendrickson, 1994).

雖然在亞歷山太的狄尼修的作品中，只有殘篇是有英文翻譯的，讀者卻可以讀到他給羅馬的狄尼修的書信摘錄，在其中澄清了較早前他為了回應彭塔波利斯(Pentapolis)的撒伯流派而作的論述。亞歷山太的狄尼修顯然相當強調上帝眾位格的區分，以致他被誤解為朝往三神論的方向。在致羅馬的狄尼修的解釋性信函殘篇中，他相當徹底地解釋其立場。狄尼修一方面維護眾位格的區分，另一方面堅持祂們是不可離散和同質的。這封書信的卷1和卷2的摘錄，提供了尼西亞前期三一論思想和用語的極佳例證。

Dionysius of Rome.〔羅馬的狄尼修〕*Against the Sabellians.*〔《駁撒伯流派》〕Translated by William Fletcher. ANF 7 (Peabody, Mass.: Hendrickson, 1994).

本書是一份尼西亞前期的作品，它的撰寫是為了駁斥「撒伯流的主張」；撒伯流派錯誤地認為「聖子本身就是聖父，反之亦然」(ANF 7, p. 365)。亞他那修是知道這部著作的。他把書中的觀念，納入在他自己對亞流派和撒伯流派之立場的回應中。

Origen.〔俄利根〕*On First Principles (De Principiis).*〔《論首要原理》〕Translated by Frederick Crombie. ANF 4 (Peabody, Mass.: Hendrickson, 1994). 中譯參：奧利金：《論首要原理》，石敏敏譯，「歷代基督教思想學術文庫」(香港：道風書社，2002)。

本書是一個重要並有趣的例子，說明一個偉大的解經家和神學家試圖理解聖經對父、子和聖靈的見證。俄利根在他的沉思和構想中，並不總是正確的，可是他對三一論反省的貢獻，卻不可忽略。請特別留意俄利根的序言，第4段；卷1，第1章：「論上帝」；第2章：「論基督」；第3章：「論聖靈」。卷2也是應該參考的，特別是第4章(論舊約的上帝的身分和耶穌基督的聖父)、第6章(論道成肉身)和第7章(論聖靈)。卷4有一段相當不錯的總結：「關於聖父、聖子和聖靈」(ANF 4, book

4, pp. 376～382）。另參 Origen, *On First Principles*, translated by G. W. Butterworth (London: SPCK, 1936; reprint, Gloucester, Mass.: Peter Smith, 1973).

______. *Against Celsus.*〔《駁克理索》〕Translated by Frederick Crombie. ANF 4 (Peabody, , Mass.: Hendrickson, 1994). 中譯參：〈闢克理索〉，載《亞歷山太學派選集》，頁219～259。

讀者可能會對本書卷8的第12至15章最感興趣。俄利根在此答覆克理索（Celsus）主張基督徒不只敬拜上帝，也敬拜上帝的「僕人」的說法。俄利根的回應並非完全沒有矛盾和合乎正統信仰。他認為，聖子是「次於」聖父，同時主張聖父和聖子是「兩個位格」，均受基督徒羣體敬拜。另參 Origen, *Contra Celsum*, translated by Henry Chadwick (Cambridge: Cambridge University Press, 1953).

______. *Commentary on John.*〔《約翰福音註釋》〕Translated by Allan Menzies. ANF 9 (Peabody, Mass.: Hendrickson, 1994). 部分約翰福音註釋的中譯參：〈釋經文選〉，載《亞歷山太學派選集》，頁201～218。

俄利根對約翰福音第一章的釋義，尤其重要（ANF 9, pp. 305～339）。俄利根的釋經不總是讓人信服的，但他致力理解道、聖靈與聖父之間的關係，對於想明白後期三一論發展的人來說，本書仍然是必讀之作。

早期西方教會作家

Cyprian.〔居普良〕*On the Unity of the Church.*〔《論教會合一》〕Translated by Ernest Wallis. ANF 5 (Peabody, Mass.: Hendrickson, 1994). 中譯參：〈居普良：論教會合一〉，

載《尼西亞前期教父選集》，頁291～310。

居普良在本書中寫道，由於諾窪天(Novatian)拒絕饒恕和重新接納那些在受逼迫期間跌倒的人，因而造成分裂，違背了一個更基本的合一原則，那就是在父、子和聖靈之間的合一。

______. *Three Books of Testimonies Against the Jews.*〔《駁猶太人三證詞》〕Translated by Ernest Wallis. ANF 5 (Peabody, Mass.: Hendrickson, 1994).

本書是一個例子，說明早期教父用聖經回應有關基督徒與猶太人的具體問題。反對基督教信仰的猶太人關注到上帝的統一性，他們不明白為何肯定了基督的神性，仍然可以保持這統一性。因此，居普良處理了一些與三一論概念難免相關的基督論問題，包括基督之神性的重要問題。

Irenaeus.〔愛任紐〕*Against Heresies.*〔《駁異端》〕ANF 1 (Peabody, Mass.: Hendrickson, 1994). 中譯參：〈愛任紐：反異端〉，載《尼西亞前期教父選集》，頁1～200。

愛任紐的思想一直是2世紀末基督徒對諾斯底觀念的最重要回應。鑑於當代許多諾斯底主義思想(某些以基督徒的外表出現)，故此仔細查考愛任紐的思想，及其三一論的含義，是值得努力的。僅是愛任紐對神學方法的論述，已使這部作品極具價值。在回應諾斯底派驕傲地自稱擁有神聖奧秘的知識中，愛任紐提醒他的讀者，人「是沒法及得上帝的……他不可能像上帝一樣有一切事物的經驗，或對之構成概念……因此，持定你的知識的恰當秩序，不要(如同忽略了真正美善的事物)試圖淩駕在上帝本身之上」(ANF 1, book 2.

25.3～4）。Paulist Press 正在出版《駁異端》的一部現代譯本。第1冊在1992年出版。參 St. Irenaeus of Lyons, *Against the Heresies*, translated by Dominic J. Unger, O.F.M. CAP, vol. 1 (New York: Paulist Press, 1992).

______. *Fragments from the Lost Writings of Irenaeus.*〔《愛任紐失落作品的殘篇》〕ANF 1 (Peabody, Mass.: Hendrickson, 1994).

這部作品遺留下來的三份殘篇，大部分篇幅的性質是基督論的，而且相當代表了愛任紐一貫的論證，即聖父與聖子是同一上帝，而不是兩個，並且肯定聖子不是一系列的「愛安」(aeons) 或天使之一，正如諾斯底派教師所相信和教導的。

______. *Proof of the Apostolic Preaching.*〔《使徒宣道論證》〕Translated by Joseph P. Smith, S.J. (New York: Newman Press, n.d.). 中譯參：〈愛任紐：使徒宣道論證〉，載《尼西亞前期教父選集》，頁201～247。

愛任紐思想在本書中較為短小簡潔地呈現，書中有關鍵的三一論評論和反省。請特別留意第5段：「三位一體與受造物」；第7段：「三位一體與我們的重生」；以及第99段：「針對三位一體的位格的錯謬」。另外有一部相當好的譯本，由貝爾 (John Behr) 翻譯， St. Vladimir's Press 出版。另參 St. Irenaeus of Lyons, *On the Apostolic Preaching*, translated by John Behr (Crestwood, N.Y.: St. Vladimir's Press, 1997).

Hippolytus.〔希坡律陀〕*Against the Heresy of One Noetus.*〔《駁挪威都異端》〕ANF 5 (Peabody, Mass.: Hendrickson, 1994). 中譯參：〈希坡律陀：駁挪威都異端〉，載《尼西亞前

期教父選集》，頁249～264。

希坡律陀在本書中回應示每拿的挪威都(Noetus)，挪威都認為基督實際上是聖父成為肉身。希坡律陀有點類似安提阿的提阿非羅，把「內在的道」(*logos endiathetos*)與當聖父創造世界時所「表達的道」(*logos prophorikos*)作出區分。他對聖父與聖子在位格上區分的理解相當清楚，不過較少注意到聖靈在位格上的區別。

______. *Against Beron and Helix.*〔《駁伯倫與赫利斯》〕ANF 5 (Peabody, Mass.: Hendrickson, 1994).

本書是一篇短小的論文，大部分集中於基督的神人二性的關係，不過有三一論的含義。

Novatian.〔諾窪天〕*A Treatise of Novatian Concerning the Trinity.*〔《諾窪天論三位一體文集》〕Translated by Robert Ernest Wallis. ANF 5 (Peabody, Mass.: Hendrickson, 1994). 另參 Novatian, *The Trinity*, translated by Russell J. DeSimone, FC 67 (Washington, D.C.: Catholic University of America Press, 1974).

本論集是尼西亞前期三一論反省的重要例子。諾窪天仔細考慮基督的神性、聖父與聖子的關係和祂們之間的區別的性質，以及聖靈的性質和工作。有興趣研究撒伯流派爭論的人，會發現本論集特別有幫助。諾窪天既攻擊撒伯流(Sabellius)的形態論(modalism)——這觀念認為父、子和聖靈實際上是上帝所扮演的三個角色，或披上了三個面具——也反對二神論(bi-theism)，這觀念認為基督徒所敬拜的是兩個上帝(聖父和聖子)。諾窪天致力理解聖子受生的意思，而且似乎主張聖子在某程度上是「誕生」(born)的。在諾窪天的思想中，有次位論（subordinationist）的傾向，這傾向在尼西亞前期的作者中並不罕見。

Tertullian.〔特土良〕*Against Praxeas.*〔《駁帕克西亞》〕Translated by Peter Holmes. ANF 3 (Peabody, Mass.: Hendrickson, 1994).

特土良的《駁帕克西亞》是相當重要的早期三一論作品，科斯頓（Johannes Quasten）認為它是「尼西亞前期對於三一論最重要的貢獻」。特土良討論在三位一體中的統一與區分、這教義常見的誤解，以及聖父與聖子的關係。他也談到聖靈的位格，以及聖靈的實存（subsistence，或譯「托體」）的性質。這是一部有趣的作品，特別是因為特土良對聖經經文的詳細討論，構成了教會逐步認識上帝的三一本性的基礎。

______. *Apology.*〔《護教書》〕Translated by S. Thelwall. ANF 3 (Peabody, Mass.: Hendrickson, 1994). 中譯參：德爾圖良：《護教篇》，涂世華譯，「歷代基督教思想學術文庫」（香港：漢語基督教文化研究所，1999）。

特土良的《護教書》的第21章包括了一個3世紀用語的有用例子，論到父與子的關係。太陽及其光輝的例證再次出現。「即使當光線是由太陽放射出來時，它仍然是母體的一部分；太陽仍然是在光線之中，因為那是太陽的光線——實體並沒有分割，只是一種延伸。同樣地，基督是靈的靈，上帝的上帝，正如光的光被燃亮。」（*Apology,* p. 34）

______. *Against Marcion.*〔《駁馬吉安》〕Translated by Peter Holmes. ANF 3 (Peabody, Mass.: Hendrickson, 1994).

特土良的《駁馬吉安》有一段對上帝統一性的討論，頗有價值（卷1，第3～7章，頁273～276）。

______. *On the Flesh of Christ.*〔**《論基督的肉身》**〕**Translated by Peter Holmes. ANF 3 (Peabody, Mass.: Hendrickson, 1994).**

請參考特土良在本書第18章中對以下問題的回應：「耶穌擁有一個真正的人類身體嗎？」

尼西亞時期及以後的東方教會主要作家

Alexander of Alexandria.〔**亞歷山太的亞歷山大**〕***Epistles on the Arian Heresy and the Deposition of Arius.***〔**《亞流派異端書信及亞流論集》**〕**Translated by James B. H. Hawkins. ANF 6 (Peabody, Mass.: Hendrickson, 1994).**

本論集的書信和文獻闡述了亞流派爭論的爆發和回應，這場神學爭論注定要在4世紀激烈進行。

Arius.〔**亞流**〕***Thalia.***〔**《塔利亞》**〕**本書內容部分見於 Athanasius, *Four Discourses Against the Arians.* Translated by J. H. Newman, NPNF Second Series 4 (Peabody, Mass.: Hendrickson, 1994).**

亞流的學說是4世紀「正統信仰」的主要神學對手，現存文獻只有摘引，差不多全是出自他的對手。雖然我們沒法絕對肯定亞流的準確用詞，我們卻可以相信他在理解聖子如何與聖父分享神性上，有相當大的問題。亞流提出，聖子是一個崇高的受造物，淩駕在其他一切之上，但仍然是上帝的一個創造。亞流的思想及對其回應的必須性，孕育了4世紀豐富的基督論，並且在朝向它的結論的發展過程中，極有需要探討聖靈的位格和工作。亞他那修直接引用亞流的《塔利亞》的例子，見於 Athanasius, *Four Discourses Against the Arians*, Discourse

1, chapter 2。

Athanasius.〔亞他那修〕*Four Discourses Against the Arians.*〔《駁亞流派四論》〕Translated by J. H. Newman. NPNF Second Series 4 (Peabody, Mass.: Hendrickson, 1994).

亞他那修的解經和神學，與他一生對抗亞流主義的爭戰不可分開。本書所載的四次講論是由紐曼樞機主教（Cardinal Newman）翻譯的，徹底處理了亞流爭論的每一個層面，也讓我們認識到這位不屈不撓，經常易怒的亞歷山太主教。

______. *On the Incarnation.*〔《論道成肉身》〕Intro. C. S. Lewis (Crestwood, N.Y.: St. Vladimir's Press, 1982).

魯益斯（C. S. Lewis）在《論道成肉身》這部偉大作品的導論中評論說：「這是一部鉅著的優秀翻譯。聖亞他那修『對抗全世界』（*contra mundum*），為的是三一論教義的『完整和純淨』，當時正是文明世界似乎要從基督教溜入亞流的宗教之際，這是那些今天所盛行的『合情合理的』混合宗教之一……當我初次翻開他的《論道成肉身》時，我很快發現了一個非常簡單的測試，來看看我是否在閱讀一部傑作，那就是一位大師可以用非常深入淺出的方式，論述這樣一個課題。」這段話足以說明了一切。

Basil the Great.〔大巴西流〕*Letters.*〔《書信集》〕Translated by Roy J. Deferrari (Cambridge, Mass.: Harvard University Press, 1986).

巴西流在他的書信中，散發出三一論的閃耀洞見。巴西流的四冊書信是由德弗拉理（Roy J. Deferrari）翻譯的，由 Loeb Classical Library 出版。Catholic University of America

Press 也出版了一部巴西流書信的結集。另參 Basil, *Letters*, translated by Sister Agnes Clare Way, FC 28 (Washington, D.C.: Catholic University of America Press, 1955).

______. *On the Holy Spirit.*〔《論聖靈》〕Translated by David Anderson (Crestwood, N.Y.: St. Vladimir's Press, 1980). 另參 Saint Basil the Great, *The Treatise de Spiritu Sancto*, translated by Blomfield Jackson, NPNF Second Series 8 (Peabody, Mass.: Hendrickson, 1994).

《論聖靈》一書充滿了對聖靈與聖父和聖子之關係的洞見。巴西流闡述了他對聖靈的神性之觀點，集中於聖靈的工作對聖靈的位格之含義。換言之，假如聖靈是與聖父和聖子有同一的行動，那麼聖靈豈不是要擁有共同的性質嗎？

Cyril of Alexandria.〔亞歷山太的區利羅〕*On the Unity of Christ.*〔《論基督的合一》〕Translated by John Anthony McGuckin (Crestwood, N.Y.: St. Vladimir's Press, 1995).

本書是一部注目於基督論多過三一論的作品，不過書中仍然充滿著重要的三一論含義。讀者若是對涅斯多留派爭論（Nestorian controversy）的原始資料感興趣，就會發現區利羅的論著十分有價值。在 St. Cyril of Alexandria, *Letters 51～110*, translated by John I. McEnerney, FC 77 (Washington, D.C.: Catholic University of America Press, 1987) 的第55封書信中，也有區利羅對基督論的一段簡潔概述。

Cyril of Jerusalem.〔耶路撒冷的區利羅〕*Catechetical Lectures.*〔《教理問答講論》〕Translated by Edwin Hamilton Gifford. NPNF Second Series 7 (Peabody, Mass.: Hendrickson, 1994).

另參 *The Works of Saint Cyril of Jerusalem*, translated by Leo P. McCauley, S.J., and Anthony A. Stephenson, FC 1 (Washington, D.C.: Catholic University of America Press, 1969); *The Works of Saint Cyril of Jerusalem*, translated by Leo P. McCauley, S.J., and Anthony A. Stephenson, FC 2 (Washington, D.C.: Catholic University of America Press, 1970).

耶路撒冷的區利羅代表了那些對於用「本體相同」(*homoousion*)一詞來描述父、子和聖靈的共享本質有所保留，但卻強烈支持聖經對所有三個位格之神性的見證的教父。當區利羅開始相信尼西亞所提出的新用語和模式是忠於聖經的證據時，就清楚表明他對這些重要信經的支持。

Saint Gregory of Nazianzus.〔拿先斯的貴格利〕*Select Orations.*〔《講論選集》〕Translated by Charles Gordon Browne and James Edward Swallow. NPNF Second Series 7 (Peabody, Mass.: Hendrickson, 1994).

拿先斯的貴格利在亞流派爭論最熾熱的時期結束之際，這段短暫卻極重要的期間，擔任君士坦丁堡的主教。在這段期間，他講授了一系列講道，攻擊在君士坦丁堡蔓延的亞流主義。在這些講道中，貴格利維護了聖子和聖靈的神性，提出了漸進啟示(progressive revelation)的觀念，有助理解三一論的發展。我們應特別留意第5篇神學講論，貴格利在其中注目於聖靈。一些關鍵的講論，收錄在 *Christology of the Later Fathers*, edited by Edward Hardy, LCC (Philadelphia: Westminster Press, 1954). 另參 F. W. Norris, *Faith Gives Fullness to Reasoning: The Five Theo-*

logical Orations of Gregory Nazianzen (Leiden and New York: E. J. Brill, 1991).

Gregory of Nyssa.〔女撒的貴格利〕*On "Not Three Gods." To Ablabius.*〔《論「不是三個上帝」，致阿布拉厄斯》〕Translated by H. A. Wilson. NPNF Second Series 5 (Peabody, Mass.: Hendrickson, 1994).

女撒的貴格利關注到解釋上帝統一性的本質，以及在父、子和聖靈之間分享的一個本性，為何不是必然導致三位一體實際上是指三個上帝的結論。NPNF的第5卷選錄了貴格利的許多著作，包括《論三位一體，和聖靈的神格》(*On the Holy Trinity, and of the Godhead of the Holy Spirit*)；《論聖靈：駁馬其頓紐斯的跟隨者》(*On the Holy Spirit: Against the Followers of Macedonius*)；《駁歐諾米》(*Against Eunomius*)和《駁歐諾米第二書》(*Answer to Eunomius' Second Book*)。

John of Damascus.〔大馬士革的約翰〕*Exposition of the Orthodox Faith.*〔《正統信仰闡詳》〕Translated by S. D. F. Salmond. NPNF Second Series 9 (Peabody, Mass.: Hendrickson, 1994). 中譯參：〈大馬色人約翰：正統信仰闡詳〉，載《東方教父選集》，頁302～526。

本書是一本簡潔而全面地處理希臘式三一論思想的作品。在芸芸眾語中，約翰的著作相當出色地說明，尼西亞會議(325年)和君士坦丁堡會議(381年)之後超過三個世紀，教會對聖靈的理解已經發展成熟。

拉丁教會主要作家

Ambrose.〔安波羅修〕*On the Christian Faith.*〔《論基督教信仰》〕

In *Some of the Principal Works of St. Ambrose.* Translated by H. De Romestin, NPNF Second Series 10 (Peabody, Mass.: Hendrickson, 1994).

安波羅修在本書中維護三位一體，駁斥不同的對手，處理了一些關鍵的課題和爭論，包括聖父和聖子之間的統一性的性質、聖子的神性、基督的永恆性、永恆受生的性質、聖子的不同名稱，以及道成肉身的目的。安波羅修在書中解釋了一些聖經經文，尤其集中於亞流派用來支持他們認為聖子是崇高的受造物而不是上帝的經文。

______. *On the Holy Spirit.*〔《論聖靈》〕In *Some of the Principal Works of St. Ambrose,* op. cit.

《論基督徒信仰》和《論聖靈》有時會被組合在一起，成為一本作品：《論三位一體》(*De Trinitate*)，雖然《論基督徒信仰》極可能是兩部著作中較早的一部。對於理解拉丁三一論神學，兩書均不可缺少。安波羅修在《論聖靈》中，提出了他那著名的「上帝的榮耀」的四個記號：上帝的無罪性、上帝赦罪的公正和權能、上帝是創造者，以及上帝是一切敬拜的恰當對象。

Augustine.〔奧古斯丁〕*City of God.*〔《上帝之城》〕Translated by Henry Bettenson (New York: Penguin Books, 1984). 另參 Augustine, *City of God*, translated by Marcus Dods, NPNF First Series 2 (Peabody, Mass.: Hendrickson, 1994)；中譯參：奧古斯丁：《上帝之城》，王曉朝譯，三冊，「歷代基督教思想學術文庫」(香港：道風書社，2003～2004)。

以下的段落尤其應該參考：卷11，第10章(「在三位一體中性質與實體是同一的」)；卷11，第24章(「在被造物中的神聖的三位一體」）；卷11，第26（「在人性中的三位一體的部分形像」）；卷11，第28章（「我們是否應該愛那我們對我們的存在和我們的知識的愛，以使我們與神聖的三位一體的形像更相似」）；卷11，第29章（「天使對三位一體的知識」）。

______. *Confessions.*〔《懺悔錄》〕Translated by R. S. Pine-Coffin (New York: Penguin, 1961). 另參 Augustine, *Confessions*, translated by J. G. Pilkington, NPNF First Series 1 (Peabody, Mass.: Hendrickson, 1994)；中譯參：周士良譯：《懺悔錄》（台北：商務，1998）。

《懺悔錄》只有少數簡短段落是直接涉及三位一體的，但不可以忽略它們。奧古斯丁在卷13第11章中的沉思，尤其有趣。奧古斯丁提醒所有神學家，任何人若要嘗試理解三位一體的奧秘，都必須植根在靈性的健康上，而且儘管如此仍然不會完全掌握真理。「誰能明白全能的三位一體？」奧古斯丁問：「我們全都談到它，雖然我們所談的可能並不是它的真正情況，因為當一個靈魂談到三位一體時，它甚少知道是在說甚麼。人們為它而爭執辯論，不過除非他們是在平靜之中，沒有人可以得到這異象。……這是一個沒有人能夠解釋的奧秘，而且我們之中有誰敢斷言他可以？」（Penguin ed., pp. 318～319）

______. *The Enchiridion; or, On Faith, Hope and Love.*〔《信仰手冊，或論信望愛》〕Translated by J. F. Shaw. NPNF First Series 3 (Peabody, Mass.: Hendrickson, 1994). 另參 St. Augustine, *Faith, Hope, and Charity*, translated by Louis A. Arand, ACW 3 (New York: Newman Press, 1947).

請參考第3章：「三一上帝是一切存有的創始者，卻不是邪惡的來源」；第10章：「惟有神人才可以救贖我們墮落的人」；第11章：「上帝恩典的美德藉著道成肉身彰顯出來」；以及第12章：「基督不是聖靈的兒子，雖然祂是從祂而生的。祂從聖靈而生，再次宣告上帝恩典是白白的特性」。雖然特別處理三一論的章節數量，在奧古斯丁的信仰手冊中相對不多，我們卻發現那些章節十分寶貴。花時間發掘，會證明是有價值的。

______. *Faith and the Creed.*〔《信仰和信經》〕Translated by S. D. F. Salmond. NPNF First Series 3 (Peabody, Mass.: Hendrickson, 1994)。

請特別留意第3章，奧古斯丁在其中討論了聖子被稱為道，以及第4章，奧古斯丁在此探討一些有三一論含義的重要基督論問題。在一系列惹人注目的主張中，奧古斯丁闡述了聖子與聖父的關係，以及與那些祂在道成肉身中為其獻上自己的人的關係。第3章：「論聖靈與三位一體的奧秘」相當有助於概括奧古斯丁的三一論思想。

______. *Letters 165～203.*〔《第165～203封書信》〕Translated by Sister Wilfrid Parsons, S.N.D. FC 4 (Washington, D.C.: Catholic University of America Press, 1955).

______. *Letters 204～270.*〔《第204～270封書信》〕Translated by Sister Wilfrid Parsons, S.N.D. FC 5 (Washington, D.C.: Catholic University of America Press, 1955).

奧古斯丁撰寫過數以百計的信函，許多涉及重要的神學概念和論題。其中散佈在一些涉及三位一體的重要信函中，以及對三一論反省的指引。主要的信函有第

170、174和238至242封。例如，在第170封信函中，奧古斯丁以簡略的篇幅，處理了好些關鍵的概念：聖靈的神性、聖靈的發出，以及在三一論反省中的類比語言。他也簡潔地解釋了約翰福音十四章28節（「父是比我大的」）和腓立比書二章7節（聖子「虛己」）。

______. ***Of the Morals of the Catholic Church.*****〔《論大公教會的道德》〕Translated by Richard Stothert. NPNF First Series 4 (Peabody, Mass.: Hendrickson, 1994).**

奧古斯丁為對抗摩尼教而撰寫的一系列作品之一。請特別參考第13至14章。

______. ***On Christian Teaching.*****〔《論基督徒教導》〕Translated by R. P. H. Green (Oxford and New York: Oxford University Press, 1997).**

這本小書包括七個關於三位一體的重要論點，由奧古斯丁在卷1.5中巧妙地概述。讀者若是以為奧古斯丁用了抽象或不是源自聖經的語言，便會讓三位一體失去其社羣的實在（social reality），就應該仔細閱讀這部作品。事實上，奧古斯丁顯然把上帝的統一性建基於聖父，而不是所有三個位格共同的本質上。

______. ***On the Creed.*****〔《論信經》〕Translated by C. L. Cornish. NPNF First Series 3 (Peabody, Mass.: Hendrickson, 1994).**

本書是奧古斯丁對預備領洗者講授的一篇講章，充滿了三一論的洞見。例如，在第3部中，我們見到一段簡潔的討論，關於聖子的「受生」，以及它對聖子與聖父之關係的含義。在同一段中，奧古斯丁分析了聖子的意志和聖父的意志，認為聖父和聖子在祂們的意志和目的上是一致的。「聖父和聖子的一個意志，是由於一個本性。聖子的意志不可能絲毫不同於聖父的意志。上帝與上帝；兩者是一個上帝：大能者與大能者，兩者是一個大能者。」(頁370)

______. ***On the Merits and Forgiveness of Sins, and On the Baptism of Infants.*** **〔《論功德與赦罪，以及論嬰兒洗禮》〕 Translated by Peter Holmes. NPNF First Series 5 (Peabody, Mass.: Hendrickson, 1994).**

奧古斯丁把三一論的思想，聯繫於他對基督是真正的神和真正的人之理解上。在奧古斯丁對赦罪的思想中，我們有時會見到對耶穌的神人二性之關係，以及它對基督的身體(教會)之含義的深邃反省。

______. ***On the Soul and Its Origin.*** **〔《論靈魂及其起源》〕 Translated by Peter Holmes. NPNF First Series 5 (Peabody, Mass.: Hendrickson, 1994).**

在本書中，奧古斯丁反駁了一個年輕神學家的錯謬，後者誤認為人類的靈魂是發散自上帝自己的本性。奧古斯丁在回應中，提醒所有以為明白三位一體的人，上帝是沒有「部分」(parts)的。靈魂不是上帝的一「部分」。「我們甚至不會說，聖子或聖靈是上帝的一部分，雖然我們肯定聖父、聖子和聖靈全是一體和有同一本性的。」(卷2，第5章，頁332～333)

______. ***On the Spirit and the Letter.*** **〔《論聖靈和書信》〕 Translated by Peter Holmes. NPNF First Series 5 (Peabody, Mass.: Hendrickson, 1994).**

奧古斯丁肯定了聖靈的神性，把聖靈等同於上帝把十誡寫在石版上的手指。上帝用來寫十誡的手指，就是使基督徒成聖的同一手指，「為使我們憑信心而活，可以藉著愛做善工」(第28章，頁95)。

______. *Reply to Faustus the Manichaean.*〔**《覆摩尼教徒福斯圖斯》**〕**Translated by Richard Stothert. NPNF First Series 4 (Peabody, Mass.: Hendrickson, 1994).**

奧古斯丁對於福斯圖斯(Faustus)難以想像「基督徒的上帝」是「從母腹而生」的回應，相當有趣。奧古斯丁回答說：「在萬有之上的上帝」是生於「我們那軟弱的本性，祂取了那本性，在其中為我們而死，並且在我們裏面醫治了它」。此外，我們也應留意在卷20中，奧古斯丁更詳細回覆了福斯圖斯認為摩尼教神學是三一論的主張。奧古斯丁運用他的三一論神學，批評福斯圖斯試圖吸納三一論的語言和模式。

______. *Sermons for Christmas and Epiphany.*〔**《聖誕節及主顯節講章》**〕**Translated by Thomas Comerford Lawler. ACW 15 (New York: Newman Press, 1952)。**

請特別留意第15篇講章，論約翰福音十二章44至50節。奧古斯丁探討的段落有「基督的兩次誕生」、「基督為甚麼被稱為上帝的真兒子」、「除了基督以外，沒有人敢說他是與父為一的」、「聖子與聖父相等」，以及「上帝的道，聖父的命令」。

______. *Sermons on Selected Lessons of the New Testament.*〔**《新約經課選集講章》**〕**Translated by R. G. MacMullen. NPNF First Series 6 (Peabody, Mass.: Hendrickson, 1994).**

這是一系列論新約主題的講章，有時包括對三位一體的重要評論。第1至2、21、30至31、38、41至42、53、55和67至70篇講章有豐富的三位一體的洞見。

______. *The Trinity.*〔**《論三位一體》**〕**Translated by Edmund Hill,**

O.P. (Brooklyn: New City Press, 1991). 另參 Augustine, *On the Trinity,* translated by Arthur West Haddan, NPNF First Series 3 (Peabody, Mass.: Hendrickson, 1994). 中譯參：〈三位一體論〉，載《奧古斯丁選集》，頁1～179；另參：《論三位一體》，周偉馳譯（上海：上海人民出版社，2005）。

本書是理解三一論神學在拉丁傳統中的發展——尤其是在阿奎那（Thomas Aquinas）的神學中——的主要著作。奧古斯丁以內在的自我為按上帝的形像被造的：記憶（memory）、理解（understanding）和意志（will），由此而反省三位一體。對於奧古斯丁在他的模式中是否把實體與位格作出過分區分，一直有激烈的爭議，有些人認為他已經無意間創造了一個三位一體的非位格模式。其他人則說這樣的批評，反映出沒有把奧古斯丁讀懂，而且一開始就有錯誤解讀奧古斯丁思想的傾向，這就像病毒般感染了當代的學者。這些爭議仍然未有定論。

______. "Of the Words of St. Matthew's gospel, ch. 3:13, 'Then Jesus cometh from Galilee to the Jordan unto John, to be baptized of Him.' Concerning the Trinity."〔〈論馬太福音三章13節：「當下耶穌從加利利來到約但河，見了約翰，要受他的洗。」〉〕Sermon 2 in *Sermons on Selected Lessons of the New Testament*（參上文）.

若要概述奧古斯丁的三位一體思想，這篇講章是很好的起點。

Saint Hilary of Poitiers.〔波提亞的希拉流〕*The Trinity.*〔《論三位一體》〕Translated by Stephen McKenna. FC 25 (Washington, D.C.: Catholic University of America Press, 1954). 另參 St. Hilary of Poitiers, *On the Trinity,* in *Select Works,* NPNF Sec-

ond Series 9 (Peabody, Mass.: Hendrickson, 1994).

有人認為，本書是拉丁作家對三位一體的第一部系統性和科學性的研究。當希拉流在東方流放期間，首次接觸到尼西亞的「本體相同」(*homoousion*)，而他對三一論的洞見，以及他把希臘教父的思想以可理解的拉丁新詞傳遞的能力，也相當卓越。希拉流的三一論作品對教會有長久的影響，其他知名的人物例如奧古斯丁、利奧 (Leo) 和阿奎那都樂意採用它的寶庫。

Marius Victorinus.〔維克多納〕*Theological Treatises on the Trinity.*〔《三位一體神學論集》〕Translated by Mary T. Clark, R.S.C.J. FC 69 (Washington, D.C.: Catholic University of America Press, 1979).

維克多納撰寫了第一部論三位一體的拉丁文著作，從形而上的角度分析這教義。因此，某些讀者會發現，維克多納對他們來說是過分柏拉圖式的。儘管如此，奧古斯丁同樣重視其人其書。維克多納運用了柏拉圖式的範疇，奠下了探討上帝奧秘(例如讓人相當困惑的三位一體)之可能性的基礎，並試圖把「理性的教導」與值得讚賞的解經放在一起。

______. *Letter of Marius Victorinus, Rhetor of the City of Rome, to Candidus the Arian.*〔《羅馬城修辭家維克多納致亞流派坎迪杜斯的書信》〕Translated by Mary T. Clark, R.S.C.J. FC 69 (Washington, D.C.: Catholic University of America Press, 1979).

維克多納與亞流派的坎迪杜斯 (Candidus) 之間的信函，正好說明了早期基督徒羣體既要肯定上帝的屬性，例如永恆不變，也要同樣肯定聖子是從聖父而生的掙扎。

對於坎迪杜斯等亞流派來說，首要的命題——上帝是不變的——導致沒可能真正有同一本性的聖子的受生。維克多納維護了神聖受生的可能性，這樣做，或多或少是運用了他的柏拉圖式背景。

_____. *Against Arius.*〔《駁亞流》〕Translated by Mary T. Clark, R.S.C.J. FC 69 (Washington: D.C.: Catholic University of America Press, 1979).

維克多納在福音書和保羅書信中，見到它們分別談及一個獨特的三一性主題或論題。例如，維克多納在歌羅西書的釋經中，集中於聖子的受生，以及可理解的世界的創造。假如受造界本身是耶穌的工作，難道祂不會是上帝嗎？克拉克(Mary Clark)在這部豐富的著作中，也收錄了維克多納駁斥亞流的三部其他作品。

2. 中世紀、宗教改革運動和現代的著作

中世紀、宗教改革運動和宗教改革運動之後

Richard of St. Victor,〔聖維克托的理查德〕"Book Three of the Trinity"〔〈三位一體第3篇〉〕in *Richard of St. Victor: The Twelve Patriarchs, The Mystical Ark, Book Three of the Trinity.* Translated by Grover A. Zinn (New York: Paulist Press, 1979), pp. 371～397. 中譯參：〈三位一體論〉，載《中世紀基督教思想家文選》，頁338～346。

不幸地，中世紀大公教會神學家聖維克托的理查德的著作只有非常少量譯成英文。他那深具影響力的《論三位一體》只有這部分(第3篇)翻譯成英文，讓當代讀者可以閱讀(中文譯本只有第1篇第1至5章及第3篇第1章)。這位維克托神學家以現象學的方式探討了「慈愛」

(charity/love) 對人類和上帝的意思，他的結論是，假如上帝是愛，那麼在上帝裏面必然有三個相等的位格：「為了讓慈愛成真，就必然要有多個位格；為了讓慈愛完美，就必然是有三位一體的位格」(頁387)。這一點的含義和本書的意義，是在由奧古斯丁派強調上帝統一性所主導的西方三一論思想中，發展出另一個選擇。聖維克托的理查德的上帝觀是位格的羣體 (community of persons)，為東方三一論思想和20世紀三位一體社羣性類比的重現和更新鋪路。

William of Auvergne,〔奧弗涅的威廉〕*The Trinity, Or the First Principle (De trinitate, seu de I primo principio).*〔《論三位一體，或首要原理》〕Translated by Roland J. Teske and Francis C. Wade (Milwaukee: Marquette University Press, 1989).

奧弗涅的威廉是在1228年由教宗貴格利九世 (Gregory IX) 委任為巴黎主教，卒於1249年。他的三位一體論著，是中世紀大公教會三一論思想的偉大經典之一。《論三位一體，或首要原理》一書是一部稱之為《論上帝在智慧的形態中》(*The Teaching on God in the Mode of Wisdom*) 這較大著作的第一部分。書中以經院哲學的方式，説明基督教的三一論，相當依賴亞里斯多德式的形而上學。某些學者發現，威廉的形而上神學和三一論反省預示了阿奎那的思想，而其他學者則發現了值得注意的分別。無論如何，奧弗涅的威廉對三一論的處理完全是正統的，而值得注意之處，只是在於它挪用了亞里斯多德式範疇，來解釋和表達奧古斯丁派對上帝三一性的觀念。這部中世紀經典所強調的，正如一般中世紀西方神學，是上帝存有(本質)的統一。

Servetus, Michael.〔塞爾維特〕"The Two Treatises of Servetus on the Trinity."〔〈塞爾維特論三位一體的兩篇論文〉〕Translated by Earl Morse Wilbur in *Harvard Theological Studies* (extra number, 1932).

反對三一論的西班牙思想家塞爾維特出版了兩篇論文，抗拒三位一體的正統教義，導致他的被捕，並於1553年在日內瓦被處死。在此翻譯和出版的兩篇論文，是〈論三位一體的錯誤〉和〈關於三位一體的對話〉。我們很難確認塞爾維特究竟在三位一體上相信甚麼。顯然，他不相信三個相等和永恆區別的位格是分享同一的實體。他反對尼西亞的觀點。不過，他試圖發展他自己的三位一體模式，結合了幾個異端神觀的層面。這些文章以及塞爾維特的生平和「殉道」的意義，一般是在於它們對蘇西尼派（Socinian）運動的影響，這運動有助兩百多年後神體一位論（Unitarianism）在英國和美國的興起。蘇西尼（Socinus）相信在三位一體裏面的，不是上帝的三個獨立位格（*hypostases*），而是上帝存有因不同職事而有一系列的三個配置。這似乎與形態論相似，但這位西班牙醫生和神學家也教導了聖子和聖靈是從屬於聖父的某種次位論思想。很少人能夠（若有的話）對塞爾維特也許混亂的三一論觀念提出條理清楚的論述。

Bickersteth, Edward Henry.〔比克斯特思〕*The Trinity: Scripture Testimony to the One Eternal Godhead of the Father, and of the Son, and of the Holy Spirit*〔《三位一體：聖經對父、子和聖靈的獨一永恆上帝的見證》〕(Grand Rapids: Kregel Publications, 1959).

比克斯特思是一個英國教區牧師，他的這部著作早期以《萬古磐石》(*The Rock of Ages*) 為題出版，其寫作目的是為了回應神體一位論在19世紀的英國和美國新英格蘭的興起。作者盡力詳細而嚴謹地查考聖經支持三位一體這古典教義的經文，動搖了神體一位論否定上帝在存有論的三一性的所有形式。雖然本書缺乏任何新穎或有創意的取向或洞見，但作者亦顯然無意提供任何洞見。本書的價值主要是在於整理大量聖經的釋義，在一個三一論受到攻擊和衰落的時代中，維護這教義。

Edwards, Jonathan.〔愛德華滋〕"An Essay on the Trinity."〔〈論三位一體〉〕in *Jonathan Edwards: Representative Selections.* Edited by Clarence H. Faust and Thomas H. Johnson (New York: American Book Company, 1935), pp. 375～381.

愛德華滋是北美偉大的清教徒牧師、哲學家和神學家，他的這篇短文相當簡潔，卻孕育了三一論在現代復興的洞見和含義。這位清教徒牧師運用了啟蒙思想的觀念論 (idealism，或譯「唯心論」)，以思維 (Mind) 的用語來表達三一性：「聖父是存在於首先的、無始的和最絕對的方式中的上帝，或是在其直接存在的上帝。聖子是由上帝的理解 (understanding) 而受生的上帝，或是上帝持有祂自己的理念 (Idea) 及持存於那理念中。聖靈是存在於行動中的上帝，或是在上帝對祂自己的無限的愛及祂在其本身裏的喜樂而流出和呼出的神聖本質。我相信，整全的神聖本質是真實而分別地存在於神聖的理念和神聖的愛中，祂們每一個實際上都是獨立的位格。」(頁379) 。諷刺的是，愛德華滋在此預示了一個世紀之後黑格爾(G. W. F. Hegel)對三位一體的概念。他在論文的結束之處承認，它沒有發展聖靈的位格特性。

Schleiermacher, Friedrich.〔士來馬赫〕"On the Discrepancy Between the Sabellian and Athanasian Method of Representing the Doctrine of the Trinity."〔〈論撒伯流派與亞他那修式論述三位一體教義的方法之間的差異〉〕Translated by M. Stuart. *The Biblical Repository and Quarterly Observer* 18 (April, 1835): 265～353; and 19, 20 (1835): 1～116.

這篇文章最初是由「新教自由神學之父」士來馬赫撰寫和出版，在1822年載於德文刊物 *Theologische Zeitschrift*，後來再翻譯和編輯供美國讀者閱讀。這位德國神學家在文中以同情的態度，重新詮釋撒伯流的三一論思想。撒伯流是3世紀北非的基督徒神學家，一般被正統信仰的大公教會基督徒視之為異端。在這篇文章中，士來馬赫顯示他傾向把基督教思想公認的信經傳統相對化，認為它在聖經和經驗上都是有缺陷的。他沒有完全丟棄早期基督教正統的三一論思想，而是試圖顯示，至少有某些被君士坦丁時期的官方教會當成異端的三一論思想家，到了後來卻被普遍認為他們不是異端。在這篇文章中，甚少透露士來馬赫自己對三位一體的看法。不過，這篇文章是一個常被遺忘和忽略的例子，說明這位偉大的自由神學家如何處理三一論的歷史。顯然，他並不認為亞他那修式(尼西亞)的三位一體教條本身是完全的，尤其是它排斥了其他一切的可能性。士來馬赫把官方的教理相對化，把它放在關乎亞流主義的歷史處境中，並且試圖顯示撒伯流的三一論思想是另一個選擇，卻極少得到公正的對待。

20世紀的復興

Barth, Karl.〔巴特〕*The Doctrine of the Word of God (Prolegomena to Church Dogmatics). Church Dogmatics I.1.*〔《教會教義學I.1：上帝之道的教義(教會教義學緒論)》Translated by G. T. Thomson (New York: Charles Scribner's Sons, 1936).

無須懷疑或爭論，瑞士神學家，也是現代新教神學的「新正統」(Neo-Orthodox) 運動之父巴特，是20世紀三一論思想復興的首要推動者。全套多冊的《教會教義學》是以三一論式為結構，本冊是卷1的第1部。對於上帝三一性的探討，分散在全書12冊中。本冊是導論性和綱領性的，作者在其中提出了他首要的原則。從「上帝是主」和「上帝說話」(*Deus dixit*) 的前設推論，巴特總結說，父、子和聖靈是上帝的三個永恆和相等的「存有的形態」(*Seinsweisen*)。三位一體是從上帝的言說在上帝本身的啟示中這實在 (reality) 而嚴格推論得來的。巴特否定在上帝自己與上帝的自我啟示之間有任何差異。上帝自我啟示的實況，就是要承認「上帝自己在絲毫無損的統一但也絲毫無損的差異之中，是啟示者 (Revealer)、啟示的內容 (Revelation) 和使啟示生效者 (Revealedness)」(頁339)。巴特藉著把三位一體必須與啟示連在一起，協助重振這個數百年來備受忽略 (特別是19世紀) 的教義。批評者指責巴特帶有隱藏了的形態論 (crypto-modalism)。奧古斯丁的心理性類比和對上帝統一性的強調，其影響力不容否認。然而，巴特清楚地肯定了上帝的三個獨立「位格」，即使他不想用「位格」一詞，原因是這個詞語不論在現代德文和現代英文中，都難免會有個人主義的含義。

Boff, Leonardo.〔博菲〕*Trinity and Society.*〔《三位一體與社會》〕Translated by Paul Burns (Maryknoll, N.Y.: Orbis Books, 1988).

巴西天主教神學家與解放主義者博菲在《三位一體與社會》一書中，呈現出解放神學對三一論的觀點。本書提供了這教義的歷史發展綜覽，而以題為〈阿們：全體奧秘概説〉（"Amen: The Whole Mystery in a Nutshell"）的一章（15章）為高潮，總結三位一體的古典基督教教義，而且也代表了作者把三位一體實際應用於人類解放之上：「由三個神聖位格互滲互存－共融（perichoresis-communion）中，引出了解放的動力：屬於每一個人、屬於每一個社會、屬於教會和窮人，以雙重——批判和建構——的意思。**人類**是要提升超越一切自我主義（egoism）的機制，活出他們共融的天職」（頁236）。博菲的三位一體模式強調羣體（community），因此最接近所謂「社羣性類比」。這位巴西神學家抽取了它的政治含義，強調「上帝的形像」反映了三位一體的平等、相互關係和非自我主義。

Hill, William J.〔希爾〕*The Three-Personed God: The Trinity as a Mystery of Salvation.*〔《三位格的上帝：三位一體為救恩的奧秘》〕(Washington, D.C.: Catholic University of America Press, 1982).

本書的書題取材自多恩（John Donne）的一篇禱文和詩句：「破碎我心，三位格的上帝」（"Batter my heart, Three-Personed God."）。作者希爾是20世紀的天主教神學家，綜覽了

20世紀許多不同的三一論和偽三一論的基督教神學，意圖復興和更新這個在上世紀極受忽略的教義。他深入以往傳統的泉源，批判當代三一性的模式，為了顯出三一論的重要性是在於它與救恩的實況不可分割。兩者的奧秘是關乎人類的存在，也關乎上帝在祂自己裏面和對待人類的關係性的愛。這本書是現代和當代（尤其是20世紀）天主教與新教的三一論神學的較佳批判性綜覽，不過它本身卻沒有任何新的突破。本書的價值在於它對其他觀點提出相當有洞見的綜覽。

Hodgson, Leonard.〔霍奇森〕*The Doctrine of the Trinity*.〔《三位一體的教義》〕(New York: Charles Scribner's Sons, 1944).

霍奇森在《三位一體的教義》這本小書中，提供了「社羣性三位一體」或「社羣性類比」在當代三一論思想中復興的基礎。他抗衡各種神體一位論和撒伯流主義在現代基督教神學中的興起，認為「位格性」(personality)本身是要求在羣體中存在位格多重性。上帝的統一性不僅是數字上的統一，更是「內在構造性的統一」(internally constitutive unity)，即是由部分建構整體。霍奇森也推論說，若沒有這個內在的在統一中的多樣性(internal multiplicity-in-unity)（社羣），上帝作為個體就需要世界成為祂的對應者，因為沒有關係的位格性是不存在的。雖然這位英國神學家相信，他對於神聖三一的社羣性模式，與奧古斯丁、阿奎那和加爾文的三位一體模式是一致的，但西方基督教傳統是否大多會同意在此把重點放在上帝存有的相通性本質(communal nature)上，卻是有疑問的。

Jenson, Robert W.〔詹遜〕*The Triune Identity: God According to*

the Gospel〔**《三位一體的身分：福音書中的上帝》**〕**(Philadelphia: Fortress Press, 1982).**

詹遜這部著作，代表了他在早期的作品《上帝之後的上帝》(*God After God*) 中開始對巴特三一論之反省的延續。詹遜是信義宗神學家，他認同盼望神學家和終末論神學家(莫特曼和潘寧博) 的觀點，主張上帝不能割離時間和歷史。他不同意進程神學認為上帝演化的看法。解決之道在於承認上帝是一個「三一無限」的豐富事件 ("triune infinity" eventfulness) 和綜攝一切的存有和力量。作者對包容與肯定吊詭 (paradox) 論述的巧妙心思和意欲，可以見於以下的說法：「在我們面前敞開並因而環繞我們的那時間的無限性 (temporal infinity，譯按：指的是進到時間中的無限者)，乃是那一事件的不可窮盡性，一切歷史的最終發生，是藉著那在拿撒勒人耶穌所實在化的獨特之愛而成就的。」(頁176) 。《三位一體的身分》所造成的問題，至少與它所提出的答案一樣多，但讀者若已踏上了這段旅程，那麼認識這本書也不壞。

Jüngel, Eberhard.〔**雲格爾**〕***The Doctrine of the Trinity: God***'s ***Being Is in Becoming***〔**《三位一體的教義：上帝的存有在生成中》**〕**(Grand Rapids: Eerdmans, 1976).**

這本小書原本在德國出版，詮釋巴特認為上帝是在歷史中的三一存有的教義，很快就成為廣受討論的作品。這位杜平根大學新教神學家認為，巴特的三一論比許多人所見到的含義更多。上帝的存有不是靜態的本質(遠離歷史性的內在三位一體)，而是歷史的生成 (historical becoming) 。然而，這「生成」不是改變，而是通過自我彰顯和自我詮釋的呈現，尤其是在耶穌基督的十字架上，最能清楚啟示上帝在祂自己裏面於世界歷史中的三一性掙扎。作者對於上帝與時間、三一性和生成的思想，是相當巧妙的、辯證的，而且開放給不同的解釋。書中的論點是，耶穌基督在十字架上的受苦，不僅是一件外在的事件，以致沒有觸及上帝的內在三一性存有，而是一件內在的三一性事件（an inner-trinitarian event），在其中上帝**作為上帝**（as God）是把自己等同於被釘十字架的耶穌。作者顯然不是要提出一個上帝的「進程」觀念，上帝在其中進化形成。相反地，上帝是在和藉著救恩歷史事件——例如耶穌的十字架和復活，那是對上帝的永恆性起著衝擊——實在化其自己之所是（God actualizes himself as who he is）。

____. *God as the Mystery of the World: On the Foundation of the Theology of the Crucified One in the Dispute Between Theism and Atheism.*〔《上帝為世界的奧秘：論釘十架者在有神學與無神論間的爭論的神學基礎》〕Translated by Darrell L. Guder (Grand Rapids: Eerdmans, 1983).

本書被廣泛視為是當代神學論上帝觀最深刻和最刺激的作品之一，這本相當具挑戰性的論著宣告和主張，在耶穌基督於十字架上的受死中，上帝成為上帝。即是說，上帝是在耶穌自我選擇的受苦和死亡中，建構祂是誰。這是對古典有神論的直接挑戰，作者認為那是哲學性的多過是真正基督徒的。倘若上帝是愛，那麼上帝和死亡就在基督及祂的十字架裏走在一起。被釘十字架的耶穌是原初的「三位一體的痕跡」（vestige of the Trinity），而父、子和聖靈在這十字架事件中均區分和合一為「一位上帝」，把死亡收納進上帝自己的生命中，並釋放上帝大能的、虛己的愛進入人類的歷史。《上帝為世界的奧秘》十分難以理解，差不多是神秘的。它無疑是辯證式的作品，反自然神學和理性主義。耶穌的上帝並因而是基督徒的上帝，是一個被釘十字架的上帝，而絲毫不是古典一神論那非情的、永遠不變的上帝。

Kasper, Walter.〔卡斯珀〕*The God of Jesus Christ.*〔《耶穌基督的上帝》〕Translated by Matthew J. O'Connell (New York: Crossroad, 1984).

雖然《耶穌基督的上帝》不是專論三位一體，這部著作卻有整段(第三部)是論「上帝的三位一體的奧秘」(“The Trinitarian Mystery of God”)。本書作者卡斯珀是一個有影響力的德國天主教神學家和主教，致力在天主教傳統主義與現代主義之間標示出共同的基礎。他認為，三一論的認信(尼西亞及當代的解釋)是對現代無神論的回答，後者拒絕了一個有別於耶穌基督的三一上帝的上帝。在本書中，這位德國主教對於論內在與經世的三位一體而深受爭議的「拉納定理」，提出了廣被認為是最深刻和正確的解釋。卡斯珀認為，這位偉大的奧地利天主教神學家的意思是，經世的三位一體真實地啟示了內在的三位一體，而上帝的內在三一性生命是在救恩歷史的經世裏活出的，不會在時間和改變中消失。

LaCugna, Catherine Mowry.〔拉庫娜〕*God for Us: The Trinity and Christian Life*〔《為我們的上帝：三位一體與基督徒生命》(San Francisco: HarperSanFrancisco, 1991).

天主教神學家拉庫娜的這本書是論三位一體的原創性著作，在最廣闊的意義上，把三位一體聯繫於救恩。她認為，三位一體不是一個臆測出來的奧秘（「宇宙性的命理學」），而是表達上帝在拯救生命中的參與。她探討這教義在加帕多家教父、奧古斯丁、阿奎那和帕拉瑪（Gregory Palamas）之間的發展，主張這些人認為三位一體的內在意義，是更多處理救恩的歷史和經驗，過於是一神論的臆測。拉庫娜注目於經世的三位一體，而且避免臆測內在的三位一體，卻沒有一併否定它的實在。她說明：「三位一體的教義是終極地……為一教導：不是關乎上帝的抽象本性，或是抽離一切有別上帝的事物的上帝，而是一個教導：關乎上帝與我們的生命，以及我們與他人的生命」（頁1）。

Lampe, G. W. H.〔蘭普〕*God as Spirit*〔《上帝為靈》〕(Oxford: Clarendon Press, 1977).

英國神學家蘭普認為，三位一體的古典、正統教義是錯誤的，因為基督教的聖經和經驗顯示，在上帝的任何「位格」與「聖靈」之間是沒有存有論的差異。聖靈是耶穌基督的神性（「聖靈基督論」〔Spirit Christology〕優先於「道基督論」〔Logos Christology〕）；聖靈是上帝自己；聖靈是神聖的活動和臨在。上帝是靈。耶穌基督是上帝，因為祂是聖靈的充滿。沒有三個「位格」的上帝，而是只有一個卻有不同的表達方式。蘭普是處於神體一位論的邊緣，或至少是撒伯流主義。他總結說：「我相信三一性的模式比起把上帝視為靈這一統一性概念，始終是較不能滿意地表達我們基本的基督徒經驗」（頁228）。對比三一論在20世紀的復興，本書相當有趣，即使書中有異端的思想。它的基本要點，相當接近19世紀自由派對三一論的忽略或甚至拒絕。

Lee, Jung Young. ***The Trinity in Asian Perspective*** **〔《亞洲人眼中的三位一體》〕(Nashville: Abingdon Press, 1996).**

本書作者是一位韓國基督教神學家，在書中為三一教義提供了一個亞洲文化的觀點，為的是配合或補充，而不是要取代西方的觀點。除了別的以外，這是意謂強調三位一體的家庭式形像，是植根於亞洲的家庭關係模式。作者認為，對於一個亞洲人來説，家庭若沒有父親－兒子(或父親－兒女)和母親－兒女的關係，就不算是完整的。因此，聖靈(在儒家的觀點中)可以被想像成是母親，聖子從其而出。本書對奧古斯丁派和西歐所深深主導的三一論思想提出了必要的修正，卻沒有偏離所有西方的概念。

Moltmann, Jürgen.〔莫特曼〕 ***The Trinity and the Kingdom: The Doctrine of God.*** **〔《三位一體與國度：上帝的教義》〕Translated by Margaret Kohl (San Francisco: Harper & Row, 1981).**

莫特曼被廣泛視為是20世紀最重要和具爭議性的三一論神學家之一。本書所建構的三一論神學，是他被指斥為三神論的主要原因。根據《三位一體與國度》(只是作者處理三位一體的幾本著作之一)的觀點，上帝的經世三一性存有是祂的內在三一性存有，反之亦然。上帝的三一性存有是等同於上帝國度在世界歷史中的過程和模式。只有在歷史的終結中，內在的三位一體才會出現，而某程度上在其中上帝是已經「在那裏」的。然而，在這部著作中，這位所謂「盼望神學」的奠基者想要強調的是上帝作為三位一體對世界和對歷史的開放性。通過聖子的差遣(祂正是耶穌),以及通過聖靈的使命,上帝把祂自己與祂的國度建構在一起。上帝國度與上帝自己的歷史,不可分開。作者宣稱,上帝的統一性作為父、子和聖靈之間的完美和諧是終末性的——這是目標上的統一,而不是起源上的統一。這導致某些批評者指責他是三神論的異端。

O'Connell, John J.〔奧唐納〕*Trinity and Temporality: The Christian Doctrine of God in the Light of Process Theology and the Theology of Hope*〔《三位一體與時間性:在進程神學與盼望神學亮光中的基督教神觀》〕(New York: Oxford University Press, 1983).

奧唐納對於兩套20世紀神學的比較性研究——進程神學和德國神學家莫特曼的三一論十字架神學——導致以下結論:當代基督教神學是徹底地修正了古典一神論,尤其是在上帝與時間的關係之領域上。按照他的意見,上帝不再被理解為純粹的「存有」(being),而是如今更多用「生成」(becoming)的用語。在仔細查考進程神學的萬有在神論的神觀(panentheistic view of God),認為上帝與世界是不可分開、互相豐富之後,作者轉到莫特曼提出的所謂「盼望神學」,在其中上帝自限地參與世界,是上帝的時間性的基礎。上帝/世界的關係是按照三一性的方式為其結構,在其中上帝與世界的經世歷史對祂的內在存有是有真正的(存有論的)影響。上帝的兒子被差遣成為拿撒勒人耶穌,不只是在上帝以外的一個過程,更是在上帝的生命中的一個事件。對於莫特曼來說(以及對奧唐納來說),道成肉身暗示上帝不是「一個神聖性質」或「一個絕對主體」,而是一個具有向世界開放的歷史的羣體。

Panikkar, Raimundo.〔潘尼卡〕*The Trinity and the Religious Experience of Man: Icon-Person-Mystery*〔《三位一體與人的宗教經驗：聖像－位格－奧秘》〕(New York: Orbis Books, 1973).

潘尼卡是一位基督徒學者，研究東方宗教，本書探討了東方宗教的神觀與三位一體的基督教教義之間的相似性。潘尼卡在全書中所主張的論題是：「若有人斷言終極者的三一概念，以及隨著它而言的整個實在，是基督教獨有的洞見或啟示，那只不過是毫無根據的誇大其詞」(頁viii)。他認為，三位一體這一個概念，在世界偉大宗教中都可以找到它的某種形式——一個「讓所有宗教的真正屬靈層面匯聚的接合點」(頁42)。一個沉浸於正統的、尼西亞的三一論(特別是加帕多家教父和聖維克托的理查德的社會性三一論)的基督徒神學家，可能認為潘尼卡發現(舉例說)印度奧義書傳統的「婆羅門」(brahman，例如，不二吠檀多〔*advaita Vedanta*〕)與基督教三位一體的教義之間有相似之處的論據，即使沒有視之為異端，也會覺得是牽強的。無論如何，作者在這部及其他著作中，開拓了世界宗教對話的新領域。

Peters, Ted.〔彼得斯〕*God as Trinity: Relationality and Temporality in Divine Life*〔《上帝為三位一體：在神聖生命中的關係性和時間性》〕(Louisville: Westminster/John Knox Press, 1993).

本書由一位具影響力的信義宗神學家撰寫，相當清晰地分析和批判性地評估了20世紀的三一論思想。作者對於主要的三一論思想家，例如德國神學家莫特曼和潘寧博，提出了刺激而有時可爭議的解釋和批評。彼得斯在神學上的取向相當接近他們（所謂「盼望神學」或「終末性神學」），他也提出了自己的意見，論到三位一體和歷史／終末論的關係。作者提出並巧妙辯護的芸芸論題中，有「在救恩的經世中認識上帝為三位一體，所需要的上帝既是時間性的，也是永恆性的」（頁173）。對於彼得斯來說，內在的三位一體是終末性的，而經世的三位一體是歷史性的。不過，兩者不可分開。這個概念的關鍵，在於「時間整體論」（temporal holism）的概念。讀者若是要找一部由主要的三一論思想家撰寫的作品，文筆優美、清晰易明、準確地綜覽20世紀的三一論思想，並有某些批判性和建構性的修正，那麼在20世紀最後十年中，應該找不到比這本更好的著作。

Pittenger, Norman.〔皮滕傑〕*The Divine Triunity*.〔《上帝的三一性》〕(Philadelphia: United Church Press, 1977).

英國進程神學家皮滕傑致力對三位一體的教義提供一套進程神學式的解釋：上帝是到處作工的永久具創造性的行動者、上帝是自我彰顯的道，以及上帝是回應的行動者。結果，皮滕傑儘管想要避免，他至多只能提供一個三位一體的形態論式解釋，不能確立在上帝裏面的三個獨立實存（位格）。最後，他總結說，三一論真正發揮了代表人類盼望和經驗的功能：「上帝是三位一體的信念，為我們維護了神聖者的奇妙和榮耀，為我們保證了位格性（personality）和社羣性（sociality）是建基於事物進入世界的方式，並且開啟我們的思維和心靈朝向天地的愛，那愛創造了我們，向我們揭示了它自己，並且通過我們自己的回應（不論是如何殘缺和軟弱），豐富我們的生命——而且加添喜樂給上帝自己的存有。」（頁117～118）

Pohle, Joseph.〔波利〕*The Divine Trinity: A Dogmatic Treatise.*〔《神聖的三位一體：教義論述》〕Translated by Arthur. Preuss (St. Louis: B. Herder, 1911).

本書是由一位德國天主教神學家在20世紀初撰寫的，是標準的羅馬天主教詮釋，維護三位一體的正統教義。本書以一段題為「導言」（"Introductory Remarks"）的緒論開始，文中相當強調「一位上帝」（*de Deo uno*）。循著真正的奧古斯丁式－多馬式（Augustinian-Thomist）的方式，作者指出：「統一性（unity）、簡單性（simplicity）和單質性（unicity）是神聖三一的奧秘的根本，正如三一性（triunity）的概念本身一樣」（頁2）。這段話被置於一部三一論著作的最開端，招致20世紀下半葉的三一論思想家的強烈回應。或許是阿奎那之後最具影響力的天主教神學家拉納（Karl Rahner）就批評，這個取向有使上帝的三一性次於上帝的統一性和簡單性的傾向。波利的著作包涵了聖經和歷史的材料，支持古典的奧古斯丁式－多馬式的三一論教義，而把「希臘的分裂」視之為異端而加以拒絕，包括東正教會對「和子」（*filioque*，聖靈自聖父和聖子出來）的否定。本書的結論是維護三個神聖位格所有外在運作的統一性（*omnia opera trinitatis ad extra indivisa sunt*）和「互滲互存」（perichoresis，三者的互相內存）的天主教教義。大體上，波利的教義論著是一部天主教經院式三一論思想的經典著作。

Rahner, Karl.〔拉納〕*The Trinity*〔《三位一體》〕(New York: Herder and Herder, 1970).

在這部小書中，拉納這位可能是自阿奎那以來最具影響力的羅馬天主教神學家，批評大多數西方基督徒「純粹是一神論信徒」(“mere monotheists”)。他認為，若把三一論從基督徒的意識中剔掉，基督教的作品也不會有甚麼改變。他想藉著顯明三一論的教義和反省與基督徒的救恩和生活之間有緊密的關聯，以改變這種情況。拉納提出了兩個建議，成為激烈的爭論和建設性討論之主題。這位奧地利神學家同意巴特的觀點，認為若用「位格」來指上帝之中的三位區分，是有難題的，因為這個用語難免有個人主義的含義。他建議以「實存的獨特方式」(distinct manner of subsisting) 來作為“hypostasis”的神學性(並不通行的)翻譯。第二，拉納在此提出原則——後來被稱為「拉納定理」(Rahner's Rule)——謂**經世三位一體是內在三位一體，而內在三位一體是經世三位一體**。換言之，在上帝在祂自己裏面(God-in-himself)與上帝為我們(God- for-us)之間是沒有割裂的。三個位格在救恩歷史中的活動，是上帝自己在祂那為我們與在我們中間的行動中。在《三位一體》出版之後，這個定理或原則帶來了無數博士論文、學術文章和著作的出現。某些批評者指責拉納把上帝融化在歷史中。其他人則為他的洞見歡呼，視之為三一論復興的一塊基石。無論如何，拉納的小書有助刺激在20世紀基督教神學中的三位一體的新思考。

Richardson, Cyril C.〔理查森〕*The Doctrine of the Trinity*〔《三位一體的教義》〕(New York and Nashville: Abingdon Press,

1958).

英國聖經學者和系統神學家理查森在這本小書中，批判三位一體的正統教義，支持一個上帝的形態論模式。「三位一體的『三』(threeness) 是一個武斷和沒有說服力的教義」(頁111)。作者認為，我們不要把上帝想成是三個有分別的位格，而是應該把父、子和聖靈視之為上帝在祂與我們的關係中的三個層面(頁112)。作者訴諸於士來馬赫對撒伯流和撒伯流主義的修正處理，作為支持他再次復興那被認為是三一論的異端模式。這本小書代表了一些對在20世紀中葉英國新教思想(例如霍奇森)中興起的三位一體「社羣性類比」("social analogy"，重新對加帕多家教父和聖維克托的理查德的上帝三位格的愛的概念感興趣)的抗拒。

Torrance, Thomas F.〔托倫斯〕*The Trinitarian Faith: The Evangelical Theology of the Ancient Catholic Church*〔《三位一體的信仰：古代大公教會的福音神學》〕(Edinburgh: T. & T. Clark, 1988).

作者是華菲德講座的講員(Warfield Lectures，普林斯頓神學院，1981年)，被廣泛視為是20世紀下半葉最重要的新教神學家之一，同時也是巴特神學的一個非常具影響力的詮釋者。托倫斯撰寫過幾部論三位一體教義的著作，而本書代表了他對這個課題的最佳歷史性和教會性的思想。本書包括對381年的〈尼西亞－君士坦丁堡信經〉(簡稱〈尼西亞信經〉)的反省，以及它對理解基督教信仰在當代世界作為「大公性」(catholic)和「福音性」(evangelical)的含義。托倫斯的論題是信經有似乎頗為技術性的用語，這些技術性的用語包含或暗示了三位一體的教義（例如，“ousia”與“hypostasis”之間極重要的區別），它們在本質上是繫於恩典的福音，以及教會和基督教信仰的合一。故此，在4世紀自始至終對它的掙扎，不是由於臆測或理性論辯的結果，而是來自救恩和教會的不同觀點。托倫斯在此維護了教會對上帝的三一論觀點，那是在信經的用語中表達，也是由教會全體的教父（亞他那修、加帕多家教父等）所解釋的，他們藉著證明驅動基督教信仰的「內在邏輯」，從而對抗異端。本書是信經和三位一體教義在4世紀發展的故事的最佳簡潔記述。

Welch, Claude.〔韋爾奇〕*In This Name: The Doctrine of the Trinity in Contemporary Theology*〔《奉這名：當代神學中的三位一體教義》(New York: Charles Scribner's Sons, 1952).

《奉這名》廣泛被視為是20世紀神學的一部經典。作者韋爾奇是一位甚受尊敬的歷史神學家，本書是基於他在耶魯大學的博士論文而成的。它批判性地綜覽現代基督教（大部分是新教）對三位一體的思想，從它在19世紀受到忽視，直至在20世紀得到復興。在本書眾多傑出的貢獻中，有他對於20世紀（特別是在英國）所謂「社會性類比」（例如，霍瞿遜論三位一體的著作）的再度流行，以及在巴特神學中三一論神學的復興，提出了批判性的評價。韋爾奇肯定和維護巴特喜愛用的「存有的形態」(modes of being) 多過是「位格」來表示聖父、聖子和聖靈的三位一體區分，但同時警告這些「不是上帝的存有與人相關的惟一方式，而是**上帝作為上帝的方式**（God's ways of being God）」（頁277）。本書代表了美國學者對20世紀三一論復興的貢獻，也是對巴特從奧古斯丁得到啟發的三一論神學中暗含的所謂「心理性類比」的一次重要的批判性肯定。

Zizioulas, John D.〔薛斯奧拿〕*Being As Communion: Studies in Personhood and the Church*〔《存有作為相通：位格性與教會的研究》〕(Crestwood, N.Y.: St. Vladimir's Press, 1985). 本書代表了20世紀下半葉從東正教觀點論述三位一體的最重要英語著作之一。任何讀者若要尋找一部現代東正教的三一論神學著作，莫過於瀏覽這本書。作者探討了在三一論思想中，「存有」(“being”，存有論)與位格之間的「羣體」(community)或「相通」(communion)的關聯，並指出注目於關係性的「位格性的存有論」(ontology of personhood)是來自基督教的啟示的，特別是與上帝的三一性存有相關。這是一本相當全面的著作，範圍包括一些相關的神學課題：上帝、耶穌基督、人類、教會等。作者在三位一體的正統教義中，找到了銜接點。

索引

一劃

二劃

三劃

四劃

五劃

六劃

七劃

八劃

九劃

十劃

十一劃

十二劃

十三劃

十四劃

十五劃

十六劃

十七劃

十九劃

二十劃

二十二劃

二十六劃

緊扣時代　服事教會

以文字傳揚基督真道

讀者意見表

衷心多謝你購買本社書籍。本社一直致力以出版事工服事教會，幫助信徒扎根於神的話語，促進靈命增長。為使我們的出版更能滿足你的需要，請填寫下列各項資料，並寄回或傳真予本社。

所購書籍：______________________

本書最吸引你的地方：
☐作者　☐適切性　☐文筆　☐設計　☐實用性
☐其他：______________________

購買本書地點：
☐基道書樓　☐基督教書店　☐非基督教書店

性別：☐男　☐女　職業：______________

信仰：☐基督徒　☐非基督徒

年齡：☐ 16 歲或以下　☐ 17～25 歲　☐ 26～35 歲
☐ 36～55 歲　☐ 56 歲或以上

學歷：☐中三或以下　☐中五　☐預科
☐大學　☐研究院

☐我欲更多了解基道出版社的事工及考慮支持，請寄給我下列資料：
☐機構簡介　☐新書資料　☐基道會員通訊
☐《基道文字事工通訊》

姓名：______________________ 電話：______________

地址：______________________________________

____

傳真：______________ 電子郵件：______________

其他意見：______________________________________

____

多謝賜教！

意見表可以傳真（2687-0281）或直接郵寄以下地址：
香港沙田火炭坳背灣街26號富騰工業中心1011室
基道出版社編輯部收